U0908066

以德润心

中铁建设集团
道德讲堂操作实务

梅洪亮　主编

人民日报出版社
北京

图书在版编目（CIP）数据

以德润心：中铁建设集团道德讲堂操作实务 / 梅洪亮主编. —北京：人民日报出版社，2022.3
ISBN 978-7-5115-7261-5

Ⅰ. ①以… Ⅱ. ①梅… Ⅲ. ①铁路企业—职工—品德教育—中国—文集 Ⅳ. ①D412.62-53

中国版本图书馆CIP数据核字（2022）第013955号

书　　名：以德润心：中铁建设集团道德讲堂操作实务
YIDERUNXIN : ZHONGTIEJIANSHEJITUAN DAODEJIANGTANG CAOZUOSHIWU
作　　者：梅洪亮

出 版 人：刘华新
责任编辑：袁兆英
封面设计：中尚图

出版发行：人民日报出版社
社　　址：北京金台西路2号
邮政编码：100733
发行热线：（010）65369527　65369512　65369509　65369510
邮购热线：（010）65369530
编辑热线：（010）65363251
网　　址：www.peopledailypress.com
经　　销：新华书店
印　　刷：炫彩（天津）印刷有限责任公司

开　　本：710mm × 1000mm　1/16
字　　数：228千字
印　　张：15
印　　次：2022年3月第1版　2022年3月第1次印刷

书　　号：ISBN 978-7-5115-7261-5
定　　价：69.00元

谨以此书向中国共产党成立 100 周年献礼

编委会

文化是一个国家、一个民族的灵魂。文化兴，则国运兴；文化强，则民族强。企业文化是企业的灵魂，是企业凝聚力和创造力的重要源泉。坚定文化自信，加强文化创新，打造有颜色、有温度、有情感的企业特质文化，是企业高质量发展的必然之需。道德讲堂作为企业文化的重要组成部分，是中铁建设企业文化的传播阵地，对实现内化于心、外化于行发挥着独特作用。

心有良知璞玉，诵念道德文章。2013年，我们率先在央企中开展道德讲堂活动。8年间，我们紧密围绕党的基本路线和国家发展形势，紧跟集团发展主线，组织开展了以“三严三实”“看齐”“相约”“不忘初心，牢记使命”“品质”“守正创新”等为主题的道德讲堂活动共163期，受众逾2.8万人次，参与活动道德传播志愿者达4100人次，荣获股份公司首届“十大品牌”，“建国70周年全国建筑企业文化创新示范案例”等荣誉，成为宣贯党的十八大、十九大精神和弘扬社会主义核心价值体系的有效载体。

形式多样、健康向上的道德讲堂活动，在集团与基层之间发挥着“传声筒”作用；在各区域和下属单位之间发挥“桥梁”作用；在全体员工中发挥着“情感园地”作用，为中铁建设在夯实企业管理、传播企业文化和讲述企业故事、形势任务教育、获取知识、汲收能量、外联拓展的“品牌活动”中起到了潜移默化的作用。道德讲堂像一颗种子，脉动着每个参与者的心，传承“铁道兵精神”，传递中铁建设“好声音”。

凝重的年轮刻录历史的荣光。2021年是建党100周年，也是“十四五”开局之年，起跑映照全程，开局启示未来。为深刻总结道德讲堂执行中取得的好经验、好做法，以及道德讲堂与生产、经营、管理深度融合取得的成效，特将道德讲堂内容和实操方案集结成册，供读者交流。

以德润心，我们笃行不怠；以文化人，我们任重道远。

2022，一起向未来！

目
录

第一节　道德讲堂的意义

习近平总书记在全国宣传思想工作会议上强调，坚持中国特色社会主义文化发展道路，推动中华优秀传统文化创造性转化、创新性发展，继承革命文化，发展社会主义先进文化，激发全民族文化创新创造活力，建设社会主义文化强国。

人无德不立，国无德不兴。所谓“百年企业，道德为根”。一个国家人民的思想觉悟、文明素养、道德水准极大影响着其现代化建设的历史进程。加强思想道德建设，能够大幅提高社会文明水平。中铁建设集团开展的“道德讲堂”活动就是主动适应社会发展新形势，搭建思想道德建设新平台，把思想道德建设的内容项目化、实践化，以“身边人讲身边事、身边人讲身边事、身边事教身边人”的形式，做到以德润心、以文化人，形成良好道德风尚，助推各项工作顺利开展。

一、指导思想

中铁建设集团以习近平新时代中国特色社会主义思想为指导，贯彻《公民道德建设实施纲要》和党的十九大会议精神，以扎实推进社会主义核心价值体系建设、提升职工思想道德素质为核心，推动先进道德理念和企业精神内化于心、外化于行，使道德讲堂成为推动精神文明建设的重要抓手，成为深入学习宣传社会主义核心价值体系的生动实践，成为提高社会文明程度和公民道德素养的有效载体，为企业发展提供思想道德支撑和精神文化动力。

二、工作目标

中铁建设集团通过开展道德讲堂，广泛普及传统道德理念，把企业文化建设内容形象化、实践化，进一步诠释“四大文化理念”等优秀企业文化成果，搭建中铁建设思想道德建设的新平台，以加强社会公德、职业道德、家庭美德和个人品德等“四德”建设为重点，以“修身律已，做一个有道德的人”为主题，以遵守“爱国守法、明礼诚信、团结友善、勤俭自强、敬业奉献”的公民道德规范为主要内容，强化宣传教育，促进知行合一，引导广大职工“积小善为大善”“积小德为大德”，自觉成为道德的传播者和践行者。以点带面，使广大职工在参与中认知、感悟、接受、提高，人人争做道德建设的参与者和实践者，使“讲道德，做好人”蔚然成风。

三、主要内容

中铁建设道德讲堂主要分为:“唱歌曲”“学模范”“诵经典”“发善心”“送吉祥”五个环节。五个环节环环相扣。在实际开展过程中，可以适当地调整。例如增加开场舞等。

四、工作要求

以“我听、我看、我讲、我议、我行”为主要模式，使广大职工易于参与、乐于参与。

我听：以巡回演出等形式，听平凡道德故事，悟模范优秀品质。

我看：以演绎展示等形式，把典型的事迹和品质形象化、具体化，使之更加可亲可敬、可信可学。

我讲：以宣讲等形式，讲群众自己和身边的道德故事，展示道德智慧，传播道德力量。

我议：以谈感悟等形式，评议身边好人好事，挖掘精神实质，不断升华自身道德境界。

我行：以实践转化、提升素质为目标，引导职工在认知、接受先进人物的优秀品质后，见贤思齐，崇德向上，群起效仿，转化行为。

以仪式化和规范化并重的“六个一”流程，增强道德讲堂的感染力。

明确一个主题：坚持每期一个主题（贯穿于整场道德讲堂五个环节）。科学表明我们在短期的记忆中只能记住要点，一场讲堂的时间大约是50分钟左右，道德的内涵十分宽泛，为了让听众在短短的时间内印象深刻，你会发现我们就只有一个主题，并且是一个两个字的词汇，如节俭、敬业、责任、勤俭、奉献、卓越、创新、忠诚、热情、诚信、和谐、好学、安全、守则、态度、拼搏、廉洁、表率、服务、严实等词汇贯穿于整场道德讲堂的始终，这样，无论五个环节如何跌宕起伏，都会环环相扣。无论如何注入企业倡导的文化、时政新鲜词汇和时尚青春元素，也会让人记住一个道德词汇，并且印象深刻。同时，也能引起所有参与者对道德这个深厚的话题能够在某个点上深入地思考和感悟。

唱一首歌曲："唱歌曲"（时长5分钟）。每期道德讲堂开讲前，组织学唱《公民道德歌》和《铁道兵志在四方》。

讲一个故事："学模范"（时长15—20分钟）。围绕主题，以情景剧、小品、舞蹈等形式，将发生在职工身边的、体现传统美德与时代精神的先进人物和典型事例进行展现与诠释，或是将其拍摄成一部道德建设先进人物的事迹短片或先进人物事迹。

诵一段经典："诵经典"（时长5分钟）。以快板、朗诵、相声等形式，诵读一段中华传统经典语录或企业词赋。

做一番分享："发善心"（时长15—20分钟）。由与会人员结合工作实际，以座谈、讲述、歌曲等形式谈心得体会，评议身边好人好事，分享心中的感受，感悟道德力量，升华自身境界，形成道德共识。

传一种观念："送吉祥"。课堂结束时，主办方可送给每位与会者一份道德文化纪念品，在时刻强化道德观念的同时，实现爱心、善心的传播；也可邀请企业主要领导讲一段话，送一些祝福。

遵守十分钟守则。研究人员发现人类的头脑在十分钟之后就开始不能集中精神，所以一场道德讲堂，虽然是一个主题，但我们设置了"五个环节"环节，每个环节也就是十分钟左右，有"软中断"和切换频道的作用，这可以让头脑得到休息，令观众总有新鲜感并且保持一种兴奋的状态。

五、组织实施

甄选身边故事，选树典型，诵好经典。在条件具备的情况下，结合实际情况举办，将道德讲堂有声有色、坚持不懈地开展下去。

要坚持以职工为主体的原则，贴近实际、贴近生活、贴近群众。广大职工的积极性和主动性，是道德讲堂的坚实基础和动力源泉；只有充分激发他们的创造力，才能拥有生命力。道德讲堂必须坚持“群众参与、群众推动、群众受益”的工作思路，成为一个职工群众易于参与、乐于参与的平台。

要把活动载体设计好，把组织工作做到位，把道德理念讲透彻。要按照名称统一化、形式多样化、内容丰富化、管理常态化的要求，形成一定的流程和明确的内容，机制化要做到“一堂一档”，即每次道德讲堂的图片、文字、视频、布置、活动开展、主题等均要进行资料收集，形成电子档案。使道德讲堂真正成为弘扬社会主义核心价值体系的有效载体。

要把道德讲堂与建设学习型党组织、学习型班组结合起来。与党员干部的学习教育相结合，与日常文体活动相结合，与职工读书活动和职工之家建设相结合，整合多种资源，形成工作合力，激发广大职工投身道德实践的热情，树立见贤思齐、争当模范的良好风气。

第二节　道德讲堂对企业生产经营的促进作用

作为中国铁建首届“十大品牌”之一，中铁建设道德讲堂用小舞台演绎大情怀，以文化渗透为企业发展整合资源、凝聚合力。道德讲堂不流于形式，常办常新，为企业青年搭建平台，为生产经营增添动力，成为思想政治教育落地实施的有效载体，成就了企业的“道德高地”，不断传播着企业文化“最强音”。

道德讲堂不仅对本企业员工具有很强大吸引力，同时对于合作伙伴如客户、供应商以及社会大众都有很大吸引力。目前，中铁建设道德讲堂覆盖了企业各个岗位人群，吸引了国资委、政府机关、合作单位、职工家属、退休职工等参与其中。中铁建设通过道德讲堂方式向合作伙伴延伸扩展，增强讲堂的感染力，有效拉近彼此距离，增强认同感，促进以干促揽、战略合作意向的达成，是企业经营承揽一项重要软实力。

“道德讲堂”走进中建协传播建筑行业文化，邀请北京市安监局等外部单位到施工现场开讲，业主、监理、劳务人员广泛参与其中，还先后吸引了国务院国资委、中国民航信息集团、清华大学高级研修班等单位前来观摩“听课”，各级领导和部门也高度关注活动进展，获得广泛好评。

华中分公司开展的道德讲堂活动先后走进河南滑县工地、河南濮阳工地、山东宁津工地进行慰问演出。所到之处，均受到政府、业主、农民工工友的热烈欢迎，纷纷表示愿意与企业多合作，多交流，携手共进，互惠共赢。

第三节　道德讲堂的策划

一、前期准备

（一）六步走

1. 确定主题

活动主办方负责人，需为活动定调，明确活动目的及意义，以及希望达到的效果，进而确定活动主题。

活动主题选取依据主要有：

依据一：根据国家重大节庆日；

依据二：根据企业重大周年纪念、庆典节点；

依据三：根据企业形势任务；

依据四：根据市场环境进行文化渗透。

2. 召开启动会

（1）由相关负责人牵头，组织相关人员召开活动启动策划会，进行头脑风暴，集思广益，初步确定活动的主题、时间、地点、人物（嘉宾、演员、观众）及预算。

（2）现场筹备并成立会务组，初步明确各版块负责人、工作人员及对应工作内容，确保团队按照自主的工作范围，有序展开工作。

（3）现场建立会务联系群（如微信群、QQ群），日常工作、通知等可在群内统一发布。

3. 制定推进计划

根据活动最终举办时间，倒推工作计划节点，并与相关负责人讨论定稿后，发至会务联系群，由各组人员领取工作任务，并有序展开筹备和节目编排工作。

4. 召开筹备沟通会

（1）会务组需定期组织召开阶段性项目对接推进会，明确各阶段工作落实情况。例如，开展参会人员的邀约及确定，提前筹备文案、节目等相关工作。

（2）一般需要组织3—4次筹备沟通会，活动主要负责人（公司领导）需要参加。筹备会主要审议会务组工作推进情况，解决遇到的问题。

（3）最后一次沟通会，一般在活动前5—7天完成，一方面落实工作完成最终情况；另一方面现场进行活动推演，从入驻场地到物料筹备，从会务接待到住宿、餐饮（如需要），从场地方的细节对接到执行方的细节对接，从现场物料摆放到活动执行环节，各画面及内容的呈现等。

5. 细化实施

确定活动时间后，需敲定各环节细节内容。从会务接待、会务餐饮、住宿、现场、物料摆放、背景、音乐、视频播放切换及灯光音响等，明确各环节负责人，配置总协调人（总导演），各项工作落实到人。

6. 现场执行

场幕后音响、灯光、调音台协调：现场控制负责场上舞台突发状况快速处理，场下演员节奏就俭，场下经常会有领导有感而发，想表达。这就需要现场执行随机应变。

（二）任务分解

会务组：会务组负责道德讲堂的策划、实施和收尾全过程工作。

总策划：负责道德讲堂、推广及公关活动的创意、策划；根据需求撰写具有创意性主题策划方案；收集策划活动目标群体反馈信息，进行分析并调整活动方案；独立策划，提供有观众感染力和个性化的活动方案；负责具体实施，包括前期沟通、过程中协调沟通、活动完成的确认；活动结束完后各项收尾总结宣传工作。

导演：对活动立意主题、目的及所要传达的思想内容进行确定，并完成活动台本总体构架；对活动演出人员及活动所要应用素材进行确定；对活动内容，包括活动构图、解说词、字幕、音乐、灯光、服装、道具等进行确定；对具体实施进行指挥，保证各项演出任务顺利完成，并对其完成情况进行跟踪落实；在正式演出前，导演要负责指挥各个节目组的排练，并对其排练成果进行检查；在演出过程中，负责对活动进行整体把握，比如台上灯光、音响、台下观众等。

编剧：与导演沟通完成活动台本的总体构架编写；对剧本进行编写，主题要突出（正能量、企业价值观），故事创意新颖，节奏明快；在活动排练过程中根据导演和演员的要求修改完善剧本。

舞蹈类导演：与编剧沟通完成舞蹈台本的编写；对舞蹈部分的解说词、字幕、音乐、灯光、服装、道具等进行确定；根据音乐完成全部舞蹈台词编写——舞蹈、舞姿造型、哑剧、手势、面部表情等；与舞蹈作曲者、舞美设计、乐队指挥、演员等沟通进行活动前期舞蹈排练；在演出过程中配合总导演对演出的指导工作。

语言类导演：语言类节目主要是指小品、相声等，其他还有朗诵、快板、三句半、绕口令、贯口、滑稽戏等曲艺类的节目，其中配乐诗朗诵也比较常见，音乐情景剧等形式也较为多见。

语言类导演要与编剧沟通完成语言类节目台本的编制；对语言类节目部分的解说词、字幕、音乐、灯光、服装、道具等进行确定；根据语言类节目编剧台本，与演员沟通并进行活动前期节目排练；在演出过程中配合总导演对演出的指导工作。

道具：根据演出需要提前购买、租赁、制作所需道具；高效高质安全地更换及道具的搬运；维护所有道具、景片及地板材料，做到摆放有序，且所有道具清洁完整。

催场：确保活动过程中每一个节目准时到达后台准备，在必要的时候要应对后台突发事件。

总负责人：总负责人应站固定位置，以便了解情况，也便于其他催场组成员找到；总负责人要一直保持好与导演组的联系，确定好走场时间后告知所有催场组成员，督促各节目催场人员进行催场（走场前3个节目必须在走场前到达，其他节目可以晚一点但尽量不要影响走场的连贯，不能到达的节目要立即通知总负责人，由总负责人与导演组沟通）。

节目负责人：在走场开始前10分钟未到的节目由节目主要负责人负责提

醒，前5分钟未到的节目再次催促，自己负责的节目到了要立即告知总负责人。

催场组成员：正式开场时所有催场组成员要事先就位，进入状态；催场组人员需要主动与节目负责人沟通好，让节目负责人了解情况，并协助完成工作；总负责人守在固定位置，便于与导演组和催场组员联系如有任何应急事情可以迅速处理；引导的工作人员站好位置不要随意走动，如需离开要告知总负责人让其进行人员调动。

注意事项：催场组对人员的要求是仔细认真，应变能力强，有较好的表达能力；催场组十分重要，需要在走场开始前确定好所有节目是否到场，催促未到的节目赶紧到场；催场组成员在催促节目到场时注意言辞、礼貌，避免用"必须"等强硬口吻说话；自己负责的节目到场后，负责人可以坐到他们旁边，留意好节目动态，以便催场时能动作迅速。

二、文案撰写

（一）创作活动方案

活动背景：这部分内容应根据策划书的特点在以下项目中选取内容重点阐述，具体内容有：基本情况简介、主要执行对象、近期状况、组织部门、活动开展原因、社会影响，以及相关目的动机。

活动目的及意义：活动目的、意义应用简洁明了的语言将目的要点表述清楚；在陈述目的要点时，该活动的核心构成或策划的独到之处及由此产生的意义都应该明确写出。

活动名称：根据活动的具体内容影响及意义拟定能够全面概括活动的名称。

活动目标：此部分需明示要实现的目标及重点（目标选择需要满足重要性、可行性、时效性）。

活动开展：作为策划的正文部分，表现方式要简洁明了，使人容易理解。在此部分中，不仅仅局限于用文字表述，也可适当加入统计图表等；对策划的各工作项目，应按照时间先后顺序排列，绘制实施时间表有助于方案核查。另外，人员的组织配置、活动对象、相应权责及时间地点也应在这部分加以说明，执行的应变程序也应该在这部分加以考虑。

经费预算：活动各项费用在根据实际情况进行具体、周密的计算后，用清晰明了的形式列出。

活动中应注意的问题及细节：内外环境的变化，不可避免地会给方案执行带来一些不确定性因素，因此，当环境变化时是否有应变措施，损失的概率是多少，造成的损失多大等也应在策划中加以说明。

活动负责人及主要参与者：注明组织者、参与者姓名、单位（如果是小组策划应注明小组名称、负责人）。

（二）制作分工表

人员分工表

活动名称：＿＿＿＿＿＿＿＿＿＿　**活动总负责：**＿＿＿＿＿＿＿＿

阶段	项目	责任人	联系电话	项目	责任人	联系电话
前期准备	活动方案			申请场地		
	海报宣传			广播宣传		
	主 持 人			嘉宾邀请		
	节目审核			礼仪引导		
	赞助经费			礼品准备		
	服装准备			道具准备		
	演练彩排					
活动现场	场地布置			座位安排		
	音响灯光			仪器设备		
	摄影人员			摄像人员		
	饮水准备			礼仪安排		
	卫生清扫			秩序维护		
	机动人员					
后期工作	归还道具			归还服装		
	撰写新闻			拷贝照片		
	海报宣传			广播宣传		
	汇总资料			上交资料		
备注	1.以上项目非所有活动必须环节。 2.分工安排只填写项目负责人姓名和电话。 3.每个项目可设置成员，成员名单由责任人负责，成员为项目具体实施者。 4.若活动没有的环节，该项目请留白。					

（三）创作节目脚本

写脚本的人，也叫故事构成。与剧本不同，脚本并没有明确地指出演出者究竟该说什么话，只是将人物需要做的任务安排下去。从这个脚本上我们就可以看到整个故事的大体发展，但没有看到故事的细节。脚本可以说是故事的发展大纲，用以确定故事的发展方向。

三、舞美道具

舞台美术是道德讲堂演出一个重要组成部分，包括布景、灯光、化妆、服装、效果、道具等。它们的综合设计称为舞台设计。其任务是根据演出的内容和要求，在统一的演出效果构思中运用多种造型艺术手段，创造出演出中环境和人员的外部形象，渲染舞台气氛，强化舞台主旨。

根据道德讲堂固定流程来说，有关舞美道具的配置从道具安排、灯光选择、音响调试、背景制作来进行叙述。

（一）道具安排

1. 服装类道具（主持人、唱歌曲、诵经典、发善心、送吉祥阶段）根据本次道德讲堂主题而定，大体分为两类：一类是面对受众为公司（或外公司）领导或职工，服装庄重大方正式，凸显本公司文化理念为宜，主持人服装：男主持深色西装皮鞋五官端正；女主持晚礼服简约大气；唱歌曲服装依据歌曲类型而定，不可与歌曲主题以及晚会主题冲突；诵经典服装以古装或中山装为主；发善心、送吉祥阶段要求会场着装一致人员入场发放相关晚会纪念品。另一类是面对受众为现场施工民工、当地政府领导等非本行业社会人员，本着传播本公司文化宗旨，演出服装以公司工装为主，体现出道德讲堂“接地气”模式和草根文化契合，以求配合晚会主题达到与观众心灵契合。

2. 演出道具（学模范阶段）。学模范阶段较好的演出媒介分为舞、唱、演、颂、三句半等形式。

舞：舞蹈演绎道德讲堂主题最为主关，可以作为开场节目，让人眼前一亮，道具就尤为重要，例如民族舞蹈，除贴合主题的服装外，凸显主题的道具配置一定要到位。

唱：歌曲演唱同样可以通过道具加持让人印象深刻，例如，自弹自唱、乐队演出的配套乐器等。

演：小品、话剧演出道具可分为两类：一类是自己制作的道具，道德讲堂中小品及话剧大多贴合生产生活较多，自己制作的道具较能更好地表达节目中心思想，同时也可以使得节目表现更灵活，不会因为道具而局限。一类定制道具，提前联系道具制造商或去专业道具厂家联系租买道具，易破损道具做好备份准备。

颂：做好集体朗诵文件夹、朗诵稿的提前准备。

三句半：虽然此部分为固定道具，但是也可以根据演出实际情况进行创新，以求精益的节目效果。

人员配置：设道具组长一名，道具组成员若干名。

道具组工作流程：根据各节目需求进行道具筹备工作→确定各节目道具顺序及位置→彩排→正式演出。

道具筹备：节目确定中进行道具方案筹备，全程参与节目筹划并及时更新道具需求表，联系安排各类道具准备工作，做到节目单确定后可以立即开展道具筹备工作，并在最短时间内完成道具准备，交付演出组进行彩排使用。

登台顺序：首先确定各节目内各道具的上台顺序，体量较大的道具安排专人负责，随后与演出组共同确定道具位置，可采用通明胶带舞台定位方式，确定道具舞台位置。

彩排：彩排是更正舞台道具位置的最关键时间点，节目效果显现需要道具的准确定位和及时上场来保障，此阶段道具组全组人员全身心投入，及时更正。

正式演出：本阶段做好与演出、旁白的配合，通过彩排，已经对节目的关键时间节点及关键节点剧情有了精确认知，本阶段道具组需要及时判断台上演出、旁白等因素综合判断是否有特殊情况出现，确保不会出现错误时间节点道具登台、台上演出临时变更导致多余道具出现等问题。

（二）灯光选择

道德讲堂的灯光配置部分从灯光类型和人员配置叙述。

灯光类型：结合道德讲堂主题以及具体各阶段节目，确保现场以下类型灯光的配置。

天地排光：这种灯光主要是用于色彩的变换或者是天幕之间的照明，也就是一种从天幕上方和下方往天幕投入的光源类型。

追光：所谓追光，这种光源是用来跟踪表演者和重点突出舞台上人物的特定光线，这种灯光是舞台画龙点睛之笔。

桥光：这种灯光主要是用来对柱光进行辅助时使用的，它是舞台口前投向舞台的光线。

顶光：这种光源是属于一种普通舞台照明，能够起到增强舞台照度作用，可以定点照射。

流动光：这种光线是用来辅助桥光准备的，用来补充舞台两侧其他特定光线和补充两侧光线。

脚光：主要是用来辅助面光照明使用，具有消除阴影作用。

逆光：是一种从舞台反方向投射出来的光线，能够增强透明感和立体感效果。

柱光：是一种从舞台两侧投射进来的光线，能够增强突出事物的轮廓感。

人员配置：成立灯光组，灯光组从演出节目筹备阶段参与，灯光渲染可以进一步增强演出效果。同时灯光组需要结合现场演出实际情况，避免出现错误灯光、漏打灯光等意外情况出现。

灯光变化方式：①以情节变化确定灯光变化的契机；②以台词确定灯光变化的契机；③以动作确定灯光变化的契机；④以音乐或音响效果确定灯光变化的契机；⑤以时间确定灯光变化的契机。

（三）音响调试

从主题音乐、背景音乐和特殊音乐以及专业调试方面叙述。

主题音乐：道德讲堂固定歌曲《公民道德歌》《铁道兵志在四方》，以及发善心、送吉祥等阶段固定音乐核对，根据演出规定时间进行不同压缩、倍速处理。

背景音乐：背景音乐不易被观众注意但是也是演出中至关重要的一环，需根据演出需要，遴选出贴合主题的背景音乐，在节目间隔、主持人主持等时间片段内使用。

特殊音乐：特殊音乐也可以理解为音效、节目音乐。

不同表现类型节目需要的音乐不同，可能为小片段或大片段，此阶段最为复杂，有时需要成立配音小组，分工确定时间节点、播放等，以求达到与演出契合，达到预期效果。

建立单独节目音效文件夹，设置播放顺序、设置音效名称，以最简单明了的方式确定各个音乐片段的播放时间。

专业调试：音响效果的感触传染，同样的观众反应是不一样的。对于同一场演出，有的观众盼望音量大一点，有的观众盼望音量小一点。在现实演出中应以大多数观众的感触传染为依据（一般需要专业人员进行调试）。

（四）背景制作

舞台背景运用大致可以分为三类：

一是以节目情绪为基础的。这类背景设计主要是围绕节目的节奏和肢体来进行。以舞蹈节目为例，当节奏缓慢时画面变化就要尽可能的少，而且在色彩和画风搭配上还不能让人感觉太突然，因为这个时候大家的视线都会集中在舞蹈动作的创意设计上，随着节奏演员的肢体语言也会相对缓慢，艺术技能则会加强，如果画面节奏、画风不同，则会干扰观众视线，无法集中精力欣赏节目内容。

二是以节目风格为基础的。这类节目背景设计主要由节目形式和内容所决定。歌、舞类节目由于音乐环境以及节奏变化，所以通常应该是动态背景，根据节目内容又可以分为现代的、古典的、民族风的、地域特点的，之所以要分得这么细，主要是为了和节目进行融合，与节目风格融为一体。

三是以节目形式特别要求为基础的。有的节目要求表演与大屏幕交替进行，这对现场实际操作要求特别高，需要从前期准备开始就要多次筹备。

四、节目排练

（一）确定演员

可以依据节目遴选演员，也可以根据演员特长准备节目。若节目需要人员比较多（大于4人时），最好由同一个单位人员组成。

（二）排练安排

在正式演出前，需要进行3—5次集中彩排。成熟节目可减少集中彩排次数。但至少一次。

第四节　道德讲堂的内容

一、唱歌曲

唱歌是道德讲堂的开篇部分，该环节区别于其他活动的唱歌，道德讲堂的歌曲必须是正能量，能激发和调动人的情绪。通常情况下，中铁建设集团的唱歌曲环节会选择两首歌曲，一首为《公民道德歌》，该歌曲旋律悠扬，歌词感人，能让人们自觉向善。另一首为企业歌曲《铁道兵志在四方》，使参与者能够在宏伟、嘹亮的歌声中受到比较强烈的思想熏陶和感染，重温铁道兵的光辉历史，激发奋发向上的工作热情。同时，唱歌也有静心的作用，大家从四面八方聚集过来参与活动，通过唱歌能迅速让人把精力集中在会场上，思想随着环节层层深入。

（一）歌曲选择

1. 公民道德歌

35 51 | 23· 3 | 22 216 | 6 – | 56 16 | 513 3 | 22 312 | 2 – |
中国老百 姓 炎黄 好儿 孙 重情 重义 重品行 立志先立人
中国好传 统 大家 来继 承 有情 有义 有责任 是非两分明

35 56· | 5 – | 33 23· | 1 – | 61 16 | 653 3 | 223 321 |
爱国 又守 法 盛世 享太 平 明 礼 讲诚信 不负 天下
同唱道德 歌 文明 向前 进 和 谐 社会中 争当 好公

1 – | 1 – ‖ 61 12 | 1 – | 212 656 | 5 – | 35 61 | 65 3 |
人 团结 友 善 一 家 亲 勤 俭 自 强
民 敬业 奉 献 勇 创 新 建 设 祖 国

16 53 | 2 – | 55 653 | 3 – | 22 216 | 6 – | 56 16 | 6 53 |
万 事 兴 道德重如 山 道德贵似 金 人 生 道 路上
为 人 民

23 321 | 1 – :‖ 56 16 | 6 53 | 2 3 | 3·21 | 1 – | 1 – ‖
有德 才能 行 人 生 道 路上 有德 才 能 行

2. 铁道兵志在四方

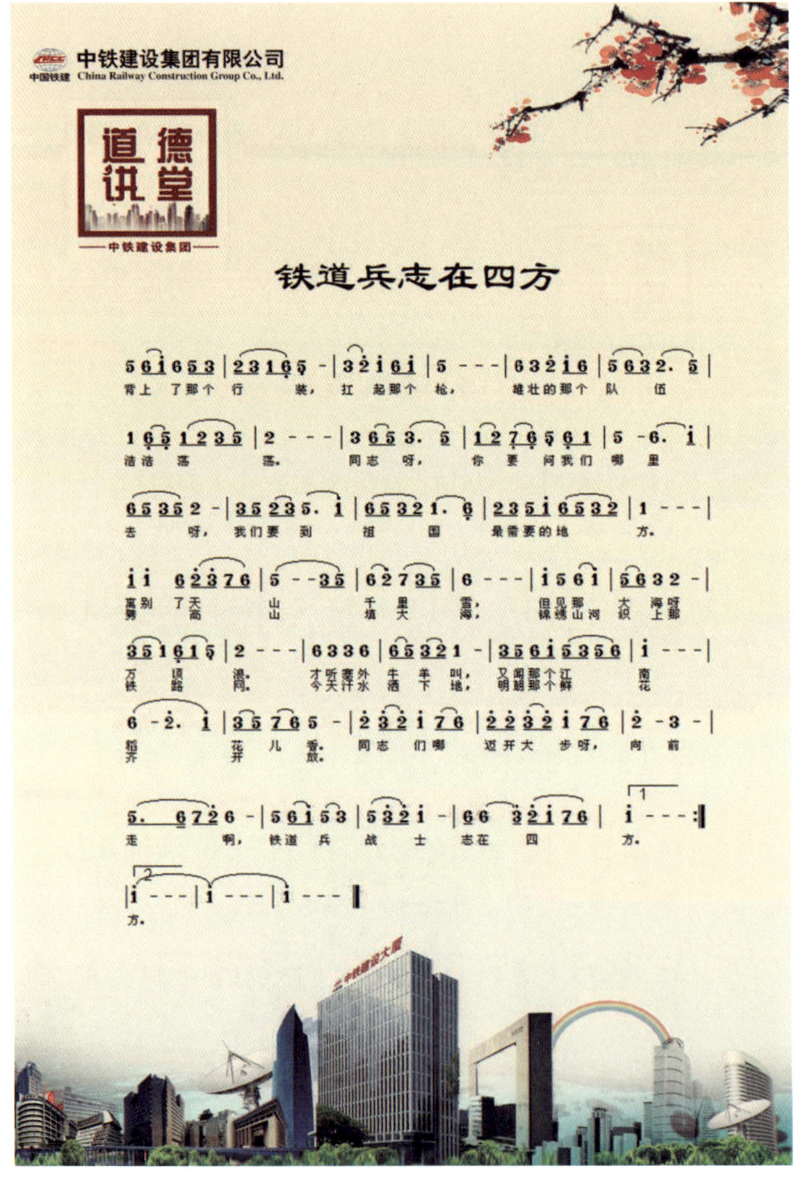
中铁建设集团有限公司
China Railway Construction Group Co., Ltd.
中国铁建
道德讲堂
中铁建设集团
铁道兵志在四方
背上了那个行装，扛起那个枪，雄壮的那个队伍
浩浩荡荡。同志呀，你要问我们哪里
去呀，我们要到祖国最需要的地方。
离别了天山千里雪；但见那大海呀
劈高山填大海；锦绣山河织上那
万顷浪；才听塞外牛羊叫，又闻那个江南
铁路网。今天汗水洒下地，明朝那个鲜花
稻花儿香。同志们哪迈开大步呀，向前
齐开放。
走啊，铁道兵战士志在四方。
方。
中铁建设大厦

（二）歌唱形式

1. 现场指挥

前期准备：首先是读谱、听谱。找出各个声部旋律线条的进行方向，确定乐曲中速度力度，感受音乐的基本情绪，哪里应该紧张，哪里需要松弛，哪里层层铺垫，哪里是高潮部分。

排练阶段：在排练厅里，指挥工作远远不是打拍子，要把对乐曲的内心感受传达给每一个参唱者，不仅用语言，更是通过手臂、手指、眼睛、脸部表情和一切可以表现的指挥技术，与每个表演者保持一种感情交流。指挥动作既要呈示作品的情感内容，又要起着引导演唱者的作用，不但指导乐队准确地演奏，还要激起他们音乐表现的激情，使参与者始终处于一种渴望演奏的兴奋状态。

演出阶段：经过反反复复的排练，指挥者确信已达到了预期效果时，才能进入正式指挥阶段。

2. 全体合唱

为保证合唱效果，可以提前将歌曲音频发至与会人员熟悉。同时在制定节目单时，可以把两首歌曲打印上去。

合唱时，要求全体起立。

3. 典型领唱

领唱是安排在齐唱或合唱的开始部分或中间部分的独唱，具有引领众人歌唱作用，由一人至数人担任。

人选确定：领唱人对演唱歌曲的理解程度要高，要准确，不跑音、不走调、舞台爆发力、舞台魅力以及歌声辨识度等方面要求。领唱人最好选择高声部，高音唱会使歌曲整体在起调后给听众呈现浑厚饱满的感觉。

二、学模范

学模范环节是道德讲堂的核心部分，该环节主要以企业的典型人和事为主，以讲述、情景剧、小品等形式进行诠释，使观众从中受到教育，以身边人教育身边人，用身边事教育身边人，以发挥其现身说法的作用，让人看到榜样就在身边，达到学习典型和成为典型的目的。这一环节，我们坚持讲故事原则。其实讲故事是与人们在情感层面上相互联结最好的方式。特别留意了历届申奥仪式，讲述人都是通过讲述令人印象深刻的小故事来谈感受，从而打动评委、打动全世界。上市公司的路演也是通过一个个传奇般的经历或故事来赢得关注，我们其实都太善于汇报工作，作报告，或是正式的演讲，但其实，情景故事最容易让人听进去，也最容易让人感同身受。圣经里面也是通过一则则的小故事来说明一个道理。一场讲堂尽量能分享两至三个故事，如果一个采取讲述的方式，其他就要融入表演和肢体语言等方式表现，一个故事突出表现个人，一个故事突出表现团队，最终表达出要将个人与集体的优势团结在一起力量。

（一）模范事迹遴选

榜样的力量是无穷的。此环节应是整场道德讲堂的升华之处。通过身边发生的故事，发人深省，感受榜样模范带来的力量。

1. 先进集体

先进集体事迹的选择，应选择有典型性、先进性、故事性的集体。可从生产和生活各个层面进行考量。它或许赶超工期团结协作能力强，或许收款超前外部沟通能力强，或人性化管理员工归属感强，抑或一人有难八方来帮团队凝聚力强等。集体事迹的发掘应从日常工作中注意搜集与了解，当了解到某个集体有新闻话题时，要进行深挖并细化（可以从企业网站事迹材料、各类先进集体申报材料等选取，也可以向各单位征集）。

2. 典型人物

平凡的人，不凡的事，感染着我，也感动着你。典型人物的事迹，是最容易引起共鸣，使人受到鼓舞。他可以平凡，但一定要有不凡的闪光点。典型人物应具备但不限于以下特点：一是工作能力强、业务水平高、善于学习，在本职岗位中做出突出成绩，工作有亮点；二是兢兢业业、勤劳肯干、团结同事、乐于助人，为内部团结起到凝聚作用；三是风清气正、不计得失，将集体利益置于个人利益之上，为公司创造经济效益；四是舍己为人、无私奉献、勇担重任，舍小家为大家。

（二）节目形式

1. 情景剧

舞台剧的基本格式的内容：故事大纲、人物介绍、时地说明、语言形式（对白、独白、叙述）、舞台指示。

故事大纲：故事大纲拟写不是把想法限制，甚至固定，而是作为一个剧本中心，使剧本在创作之中不致分散而无法完成。对初步撰写剧本者而言，先拟定一个故事大纲，将现有的资料全列入，不一定得内容细节俱全，在初步创作过程中，再逐步加减润色，标题如无，不必急着定题，在作品完成后自然会呈现。

人物介绍：人物介绍的目的在提供导演、演员研读，人物的形体必须由表演者的语言、肢体配合行动表现出来，因此在剧本之前的介绍不应该是概括性的提示，应力求清楚。人物介绍方面实际上并无什么规定与类型，可概略地分三种：

①通常剧中人物介绍最多只在人名、年龄、职业、人物之间的关系上；

②也有仅仅列出人名，其余交由剧本的内容去呈现；

③在剧中人物仅以一种代号或职称来命名的方可。

时地说明：时地说明主要在点明情景剧行动发生的时空环境，提供想象基础，不需作过多的描写，除非有必要。

语言形式：分为对白、独白、叙述。

①人物对话是最基本的剧本形态，以表现人物之间的互动关系、推动情节。

②独白通常用来表现该人物的心理状况、内心的想法与感情，也披露人物性格的方式之一。

③叙述法大不同于小说之叙述，后者是直接由作者口中说出。在情景剧

中，叙述的口吻必须经过角色之口，像对话一样。

舞台指示：舞台指示，是指编剧对情景剧进行中，有关演员必要的情感姿态、无言的动作、台词的声调或舞台走位、出入场位置等做的提示；以及行动变化、灯光、布景与服饰的更换等指示。这些指示确切提供了有关作者的意图与作品的精神，帮助读者推想情景剧中事物进展，更是除了语言之外，导演和演员适当的诠释与表演的最佳线索。

在写法上，应与对话有明显的差别，换行写在括弧内，或以不同的字体写出。

2. 小品

小品剧本创作不是无中生有。俗语说人生如戏，戏如人生。取材重点在于能否将其化约成人物、场景（故事发生的时间与地点）、情境，及有首有尾的事件等要素。

剧本写作的程序：包括取材，编写大纲，调整大纲，逐场填入人物、对白、场景及动作等说明（或舞台指示）。

3. 舞蹈

舞蹈通过肢体语言表达思想与情感。要具有大众化、时代性等特点，要凸显公司企业文化理念，要显示出地域特色。题材选择与艺术表达要贴近员工生活，彰显时代特色，从而表现生命力。

4. 相声

与评书不同，相声要加入一些搞笑的“作料儿”、包袱供大家“笑一笑，十年少”。

相声演员讲究说学逗唱样样精通，要能说能逗，但不能啰唆，不能没有条理。能说不等于能扯。剧本中材料的安排也是如此，既要详略得当又要层次分明。

把相声说好，演员的技巧很重要，好的剧本同样也是重头戏。相声剧本的创作，长短有别，单口、对口、群口有别，但不变的是要有确定的中心。只有同时做到详略得当和层次分明的材料安排，才能使相声更易让读者听出中心，听出重点，听得清楚明白。

三、诵经典

诵经典是道德讲堂第三个环节，具有承上启下的作用。表现形式上打破以往讲述的固有模式，采用朗诵、快板、真人图书馆等形式咏诵经典名句、名篇、诗赋，所选内容要紧扣道德讲堂活动主题，富有经典性，使参与者从内容中寻找价值的肯定、情感的皈依，给人以人生启迪，既能增强文化厚度、陶冶文化情操、博大胸襟胸怀，更对个人文化塑造、高尚道德传播有着重要意义。

（一）真人图书馆

真人图书馆是通过读者“借”一个活生生的人交谈，获得更多的见识的活动。真人图书有别于图书的优势在于，它提供的真人书有丰富的生活经验，这种服务通常是在其他地方无法得到的。

1. 注意事项

第一，选择的真人书要具备丰富的经验。所谓经验，既可以是成功的经验，也可以是失败的经验。它不需要别具一格，但必须是本人的亲身经历所形成的。只有自己形成的经验，才有分享的价值，才能引起他人的感悟和共鸣。而这些从书本上，是难以体会到的。

第二，选择的真人书要具有良好的表达能力。再丰富的经历感悟，最终也是通过语言分享给读者的，通过语言感染读者的。良好的表达既能将自己心中所想阐述明白，又能通过适当的语气，恰如其分的感染读者，加深读者的印象。而且作为真人图书，与读者的不间断互动是免不了的，这对真人书的沟通能力也提出了不小的要求。

第三，选择的真人书要贴近现实。举办真人图书馆活动的最终目的，无非是通过真人书的讲述，来影响读者，让读者从真人书的经验中既能肯定自己的优点，又能认识到自己的不足，择善而从。因此，真人书所分享的经验，应该是可借鉴的、可学习的、可利用的。

2. 准备工作

真人图书要做的准备工作：将自己要分享给读者的内容梳理清楚，讲述的先后顺序，讲述的方式等；准备好讲稿，如果需要用语言之外的讲述方式辅助，例如PPT等，需提前将讲稿和PPT结合起来，可以自己先演练一遍，保证讲述的畅通，尤其要注意把握时间。同时考虑读者会提出的问题，并考虑如何解答，避免活动中途出现卡顿。

案例：

杭黄精神

尊敬的各位领导：

大家好！

我是道德传播志愿者王强，今天，我为大家讲述杭黄精神。

什么是杭黄精神？杭黄精神就是中铁建设人勇于担当的铁道兵精神、吃苦耐劳的奉献精神、团结一致的合作精神、积极进取的创新精神、精益求精的工匠精神、诚信永恒的契约精神。

作为国务院督办工程，杭黄站房项目在“天无时、地不利”的情况下，发扬铁道兵精神，仅用14天就完成了896根灌注桩，获得了杭黄公司的通报嘉奖。随后，在8个月时间里，创造了2个月完成桩基施工、2个月完成主体结构施工、2个月完成钢结构施工、2个月完成装饰装修及机电安装的记录，被称赞：“这简直是个奇迹！把不可能变为可能！”

在施工期间，项目管理人员连续奋战，节假日主动放弃与家人团聚的机会，坚守施工一线。比如，项目经理申家海，拥有多个铁路站房施工经验，对他来说，体量不大的桐庐、富阳两站理应不难，但这次遇到了真正的“拦路虎”，他常说自己是个开会经理，星夜兼程已经成为常态。还有，技术主管戎树伟的妻子生了也没赶上；工长郭强在搅拌站驻守两天一夜，饭都是别人送进去的；新员工杨华瑞感慨地说：“许书记快60了，还奋战在一线！”综合部长金惠霞舍去城市浮华，与钢筋混凝土为伴，在大家眼里成了一个“女汉子”。他们身上体现了中铁建设人吃苦耐劳的奉献精神。

一进场，基础设施就与装饰、机电事业部同步组建了项目部，做好施工准备，深度优化设计，研究技术创新。物资公司发挥在杭州地区经营多年的地域优势，确保了现场物资供应；与设备安装事业部密切配合，顺利完成各种设备安装；装饰公司利用多年积累的站房装修经验，保证了工程顺利完工，是杭黄高铁建设者们团结一致的合作精神彰显！

项目部用积极进取的创新精神，以BIM技术为手段，制定及优化施组方案。旅客服务区增设卫生间智能导视系统等，“智能化”水平已经能与上海虹桥机场相媲美。在组织管理上，与地方政府、站前等单位组成临时党支部，每周召开协调会，及时解决问题。在现场，采用钢网架高空散拼解决了空间交叉作业的问题，保证了机电、装修等分项工程同步施工。装饰施工按照“先站台后站房、先室外后室内、先整体后局部”原则，20天内完成了两个站台施工任务，确保了9月1日全线联调联试的节点目标。

在施工中，以体现地域文化特色、注重人文关怀为出发点，提出了“策划、设计、管控、工艺”精品工程创建方案，以“策划先行、过程精品、一次成优”为原则，提前做好重要节点的“策划、细化、强化、美化”，以“首件工程”为样板，发挥指导作用。依托装饰设计院资源优势，充分展现杭派和徽派建筑风格，两座秀美站房就像美丽杭黄线上的两颗明珠，成就了“古有驿站，今有高铁”的佳话，再现了杭黄高铁建设者精益求精的工匠精神！

真人图书馆图片

2018年12月25日，杭黄高铁站房顺利交付使用，验证了中铁建设人不忘初心、不辱使命、不负重托的诺言，是他们爱岗敬业、担当进取的真实写照，也是诚信永恒的契约精神反映！

杭黄高铁站房建设的经验是：要加大择优选择、储备劳务资源力度，建立良好的信息沟通渠道，要积极响应高铁客站建设新要求，要有干好工程的决心和毅力。但是，杭黄项目依然存在着管理人员配备数量明显不足、合同签订及资金支付滞后、技术质量管理水平不高、材料质量把关不严、信息沟通不畅等问题，这是在建站房项目值得借鉴的方面。

尊敬的各位领导，在集团公司、事业部的大力帮助和支持下，我们最终实现了通车目标，兑现了集团公司的承诺，在世界级黄金旅游通道上打造了精品智能客站，为富春江畔增添了新的亮丽风景。今后，我们将积极宣传杭黄精神，借鉴杭黄经验，坚决打造让集团放心、业主安心、使用单位舒心的新时代精品智能客站。

（二）讲述

1. 典型事迹的选择

第一，要善于选择具有针对性和典型性的故事作为讲述的材料。所谓针对性，就是讲述的故事必须符合交际的情境和谈论的话题；所谓典型性，就是讲述的故事必须内涵深刻，并能阐明事理。

第二，要善于安排好讲述故事的结构顺序，力求做到篇幅精短，脉络清晰；注重叙事进程的自然过渡和衔接，场面细节的巧妙转换和照应。

第三，要善于运用简洁、生动的语言讲述故事。所谓简洁，是指语言表达要简明扼要，不说多余的话；所谓生动，是指语言描述要有鲜活感，能够吸引人和感染人。这样讲述故事，往往会形象化地再现人物的活动情景和事件的场面细节，从而大大增强口语交际的现场效果。

2. 进述人的选择

讲述人的选择可以是领导，基层员工，以及一线工人，但成功的讲述者应具备的素质是：

一是敏锐的观察力。敏锐的观察力体现在三个方面：准备演讲时，能从普普普通通的生活中获取大量素材；演讲中，可以了解听众的表情、心理及场上的气氛变化，及时调整演讲的内容、方式、节奏；演讲后，可以从周围的反映中综合分析自己演讲的成败得失，以使自己的演讲日臻成熟。

二是丰富的想象力。在演讲中，想象力如同“点金术”，有了它就可以“思接千载，视通千里”，才能使演讲内容充实、新颖而多彩，才能将各种各样的事物与演讲主题巧妙地组合起来，讲起来才能文思泉涌，增强演讲的浓度、广度和感染力。

三是较强的记忆力。记忆力可以帮助演讲者吸取丰富知识，掌握大量材料和信息，进而在演讲中，能口若悬河，滔滔不绝。

四是良好的表达力。口语表达能力不是天生的，但演讲如果离开了口语表达能力则是不可思议的。即使演讲稿写得再好，表达不出来，同样不能演讲成功。

3. 音乐的选择

首先要清楚，加入音乐伴奏等方法，只是为了增加演讲的效果，是一种辅助手段，最重要的还是演讲的内容，所以对于音乐伴奏的使用不能喧宾夺主。

一段好的舒缓的音乐可以起到缓解讲述人的紧张情绪，和激发听众情感的作用。要选择一段与你演讲内容有关联的音乐。比如你演讲的是慷慨激昂的内容，那音乐就不能过于柔美。你演讲的是温情的内容，那音乐就不宜节奏快。总之要让音乐衬托你的演讲，而不要让音乐抢了风头。更不能让人觉得你的音乐和演讲是两回事。要融为一体，相得益彰。

推荐:《蜗居背景音乐》《爱在四月雪》《我的钢琴很简单》

案例:

登地攀高，“智造”东南亚新地标

——超高层事业部四季酒店道德讲堂讲稿

四月的北京草长莺飞，四月的“大马”骄阳似火。今天我们的故事就在中国铁建承建的总高342.5米，共77层的马来西亚四季酒店项目中展开。

四季酒店是名副其实的国际化大项目，设计、管理、施工团队等由九个国家的人员组成，不难想象，语言障碍是大家初到大马的“过门槛”。项目进场后，甲方聘请的管理公司TURNER每周三定期召开周工作推进会，项目翻译Gordon回忆说：“进场初期，非标准层最慢时两月1层，管理公司会上近似大声咆哮，翻译根本插不上嘴，孙总听不太懂他们说什么，只能静静坐在那儿，画风十分尴尬。”他说的“孙总”，是超高层事业部总经理、四季酒店项目经理孙向东，在这样复杂的语言环境下，他也不得由“技术控”先做起“学生兵”，身为中国铁建“十大楷模”，他有着不服输的性格，买来英语词典，遇到不懂的专业词汇就查；下载翻译软件，关键的句子挨个分析意思；每天看一集美剧观察外国人的表达方式，倒逼自己快速进入大马语境。为了提升项目团队语言能力，他特意请到当地著名的英迪大学教师在项目食堂每周一课。开课之初，授课内容与现场施工结合不够，项目部组织大家讨论会，一致提出授课要更“接地气”的提法，创造性地发明“情景再现”法，把施工现场“搬进”课堂，老师也很赞赏这一办法。课上，按照项目部的策划，老师把大家分成“监理组”和“工程师组”，还原现场，针对问题开“良方”。“刘监理，L22层5区的模板已经完成，这是RFWI单子，请你验收。”工程师组用不太熟练的英语问道。监理刘工看看单子，做出要用铅垂线测量垂直度的姿势，说道：“模板底部垂直度偏差不得大于3mm，而这里显示已经有4mm了，需要矫正再测量。”监理组的刘工明显有些词不达意，老师连忙用一些关键词语“救场”，大家反复演练，在老师耐心的帮助下，大家完成了一次严格的“验收”，也成功收官一场“实战演习”。

爱是人类共同的语言，项目部将“人性化管理”带出国门受到国外工友“点赞”。在马来西亚多个宗教并存，伊斯兰教是马来西亚国教，宗教活动已经深深地融入当地人的工作生活当中，项目部在实施管理时，尊重当地人宗教信仰细致入微。每年6月左右是伊斯兰教的斋月，现场的工人在空腹情况下顶着烈日劳作，这需要极大的意志力支撑。项目部在安全部办公室对面，临时腾出一间房作为紧急救护室，并从当地聘请1名护理人员，如果现场穆斯林工友在斋月期间身体不适或者发生晕厥，可以“足不出户”就能得到专业护理。斋月前，项目部还给工人免费派送早餐食物，面包、三明治、矿泉水等，虽简单却暖心，工友们从点点滴滴的小事感受到了CRCC的呵护与关怀，每一位外国工友脸上也都洋溢着幸福的笑容。每年开斋节，项目部都会邀请全部——30多名穆斯林工友，举办一场丰盛别致的晚宴。在工地对面的四星级酒店corus hotel和中式清真饭店spring garden，大家都一起欢聚过，马占江执行经理参与其中，当仁当牛肉、椰浆饭、咖喱杂菜这些当地特色清真美食端上桌时，气氛就热闹了起来。工程一部部长胡德年回忆说，当地工友特别喜欢和项目同事做一个“寻宝”游戏，即大家按照活动纸条上的指令，搜集随身带的常用的眼镜、梳子、钥匙等，比反应、拼速度，谁先集齐谁就得到“红包”祝福，气氛十分融洽。很多穆斯林工友说，项目部尊重工人的习俗和宗教信仰，虽然大家来自世界各地，却像一家人。

拼战高精尖项目现场，需要拧成一股绳的团队精神。四季酒店项目塔楼总共77层，其中标准层有36层，非标准层有32层，突破非标准层进度和优化图纸是推进工期的关键。项目经理孙向东亲自带领项目部和国内专家一道重点研究非标准层难点方案，将L34B、L50B两层混凝土环带墙更改钢结构，比原计划工期提前了近40天。项目执行经理马占江带领各专业工程师梳理各楼层间的变化，优化模板方案，将L60往上的顶部楼层铝合金模板使用面积由20%提升到了60%。目标已定，马力加足，为了保证关键点位L8的转换梁能够按时浇筑，大家一头就扎进了施工现场，当时还没有施工电梯，从地下二层的项目办公室到作业面有50多米的高差，总共要爬400多级台阶，每次上下普通人走30分钟的时间，为节约时间，他们两步并做一步15分钟就可以走完，每天至少上下楼4次，大家手机上每天的步数统计，总是显示30000多步，常常霸占朋友圈的封面。细算下来，单单是做L8一层，工程一部7人的攀爬高度总和已经达到了21000m，等于一个月之内上下世界最高楼哈利法塔20多次。L8转换梁深4m，宽1.4m，里面布有直径43的高强钢筋，场地十分狭小，项目员工冒着35℃的高温，每天6个小时顶着烈日手把手带领工人抢进度。为了防止蚊虫的叮咬，他们必须穿着长袖，一天的工作结束后，经常能在衬衫上看见一块块的白渍。有一次，在大梁下放线的杨海涛感觉到有水滴在身上，以为是不是变天了要下阵雨，抬头一看，才发现原来是上面的同事正带领工人掰钢筋，满手铁锈，汗水已经浸透了他们衣服，顺着钢筋滴到了下面。他们就这样将塔楼落后了两周的工期追赶了上来，最终赶超了计划总工期50余天。

四季酒店被大家称作中铁建设海外人才的“孵化中心”。是一个现场再忙，也让大家定期的“放下扁担捡起笔”，融进集团公司“人人上讲台”的大平台。项目部针对超高层技术储备和海外经验累积人人做项目管理“主角”，每周六下午4点开始，五点半结束，从不间断，其中讲课40分钟，剩下50分钟问答和互动，目前已举办了20 期，项目管理公司、监理等“老外”被吸引过来一起讲。今年3月17日第11期“人人上讲台”上，工程二部部长高峰主讲的“海外劳务管理”被大家视为“经典一课”。项目进场初期，有200多名结构工人，项目工程部和分包现场负责人班前集中清点人数。有一次，正处在7A层一区游泳池施工的关键期，大家上午现场抽查人数时发现了问题，早上分配到该区的20名木工，只有15人在，其他人经询问却不知去向。项目部意识到必须彻底解决这个问题才能顺利推进现场实施，大家逆向推衍，琢磨怎样用最有效的办法将工人“固化”在作业面点位上，最终大家一致认为，在语言沟通受阻人员不好辨认的情况下，将工人全部编号，并按工种和流水区域分组，是“上上策”。他们还巧借在用的工卡进行辅助“定位”，编号与工卡一一对应，编号为A5的木工，他的安全帽正上方有一个“A5”字样，工卡上同步有“A5”编号。同时，工卡的评分栏是项目管控工效的“秘密武器”，工人工作时间如发现违规、劳动不积极等工卡上都会一一记录，现场工效高的也适当加分激励。从此，大家看到工人的安全帽和工卡标识，工种、分组一清二楚，在岗情况一目了然。大家听过课后，各业务同事都说启发很大：“中国管理理念在海外落地生根，就要从这了不起的点滴小事做起。”

老话说得好“酒香不怕巷子深”，今年大年初一，中央电视台新闻联播“厉害了我的国”把四季酒店推向大荧幕，“快，稳，中国骄傲！”的点评很暖心亮眼，我们相信这样一支被称为“中国骄傲”的团队，他们的未来必将大步向前，海阔天空！

感悟：个人对于工作的态度往往反映了他的人生观，而一个人的人生观往往是决定其命运的关键因素。

（三）三句半

三句半是曲艺曲种，属于戏剧。因一组表演词仅三句和一个短语而得名。表演者为四人，前三人每人说或唱一句，第四人则念诵归纳前三句内容的词或短语，反复循环至结束。一般最后一人只说两个字。演员自击锣、鼓、钹、碰铃等打击乐器以加强气氛，还可不断变换队形。擅长表现滑稽风趣的内容。在群众业余文艺活动中颇流行，常用来表现群众身边的生活，表扬好人好事，鞭挞坏人坏事，或宣传方针政策、工作任务，形式灵活简便。

1. 内容的创作

三句半不仅要押韵，而且要求很严。具体来说就是：一、二、四句必须押韵，“一韵到底”，是把写诗歌或快板的押韵方法用到三句半中了。

在实际创作中，最费脑筋的就是这个“半句”。常常因找不到合适的“半句”而不得不放弃前面好不容易想出来的三句。所以有时就先确定最后的“半句”，然后再写前面的三句。为了突出三句半的特点，给观众一个“新鲜、奇特”或“诙谐”的效果，三句半的“半句”应该以两个字为主，当然也可以用一个字，但不容易表达需要的思想。如果用两个字找不出合适的词（韵母和音调都受控于前两句，的确很难），也可以用三个字，但应尽量少用。至于四个字和更多的字数是必须避免的。“儿化”音中“儿”不算字数。如“没门儿”算两个字。

前三句的字数要求不是很严格，一般以七字为主，也可以是五字或六字，超过七字的最好不用。少于五字也是不行的。每段的字数可以不同，但同一段的前三句的字数应该相同。只有这样，观众听到最后一句时，才会感到新鲜奇特。如果前面几句的字数多少不一，观众感受到的只是字数的变化，而不会感受到“半句”，也就不是三句半了。

2. 道具的准备

表演者共四人，手里各持鼓、小锣、镲、铜锣等击打乐器敲打登场，如鼓点“咚咚呛、咚咚呛、咚咚咚咚、咚咚呛”。先合打一段热烈的节奏，当乐器停止时，甲高声朗诵第一句，并根据此句意思做出一个造型动作。下面乙第二句，丙第三句。前三人说三长句，最后一人只说简短的半句。三句半一般押韵、同调，诙谐搞笑。一般来说，甲乙丙的前三句是陈述内容，或激昂慷慨，或平铺直叙，丁的第四句是“戏眼”，虽然是两个字（有时是三个字，甚至一个字），但要反差强烈，意料之外，又突出主题，这一两个字要求很严，必须押韵、简洁、诙谐、合意，并出乎意料。一经丁喊出，逗得观众哈哈大笑才行。观众大笑，台上四人敲打乐器转场，转一圈或两圈，之后接着表演第二段。一般一个三句半节目有8—10段说词就可以了。

3. 服装的选择

服装没有什么硬性要求，根据台词内容或根据氛围而穿着，一般都会选择民族风一点的或复古一点的服装，服装与背景主要以喜庆为主。

案例一：

《我们是光荣的铁建人》

初次登台经验少，欢迎大家来指导，不管说得好不好，别跑！

自编自演不在行，不管听得爽不爽，还要请您多捧场，鼓掌！

应聘铁建头挤破，简历面试层层选，左等右盼出结果，有我！

签过协议等报到，日盼夜盼见领导，如今终于聚一起，欢喜！

报到之前先充电，企业文化来预习，铁建历史看一遍，荣耀！

人格勇气与能力，人才队伍是一体，我们心中永铭记，嗯，得争气！

一代优风一代承，诚信创新方永恒，不畏艰险攀高峰，牢记！

时代精品是使命，注重管理求创新，精品人品都不轻，（是）核心！

听说入行苦又累，但是项目有前辈，呵护教导都齐备，一个字，美（合）！

立志扎根中铁建，高大精尖咱来建，再苦再累也向前，美好明天。

我们人小志气高，困难面前不弯腰，要做就要做最好，咿……中！

集团员工齐动员，以人为本谋发展，构建和谐中铁建，共勉。

大家工作齐争先，鲁班国优是标杆，争当先锋突击队，比奉献！

虽说工程苦又累，中铁建人从不惧，拼命三郎他是谁，各位！

我们是光荣的铁建人，为人做事讲诚信，愿为祖国添份力，加油哦亲！（合）

我是光荣铁建人，我为铁建献青春，男儿说干咱就干，走！

到边疆去……到偏远的地方去……到天涯海角去……到中铁建设需要我们的地方去……

案例二：

《新时代新华中》

四位帅哥走上台，大家掌声响起来，今天来段三句半，有才！（竖大拇指）

前面节目真不赖，我们也要来一段（儿化音），瞧瞧身上这打扮（手指身上演出服），有范！（儿化音，往右肩甩围巾）

初次登台经验少，欢迎大家来指导（抱拳），不管说得好不好，别跑！（右手指向观众）

中央召开十九大，新时代中大步跨，胜利全靠党领导，实话！

改革开放四十年，国有企业有巨变，中铁建设抓机遇，发展！

集团号召有动力，提质增效冲千亿，撸起袖子加油干，卖力！（举右拳，打节奏绕一圈）

企业文化入人心，廉洁理念值千金，违法乱纪咱不干（作摆手动作），处分！

华中去年形势好，开工项目真不少，河南山东齐开火，能搞！（竖大拇指）

生产经营有亮点，综合评价夺桂冠，文化引领《铁军志》，点赞！（竖大拇指）

安全质量大于天，有了规矩成方圆，质量红线不能破，关键！

时光匆匆如流水，吃了饺子长一岁，评评今年谁最累，各位！（指向台下观众，原地打节奏）

新年要有新目标，“穿透行动”再提高，机关项目齐创效，钞票！（搓指作捻钞票状）

群策群力补短板，凝心聚力再发展，每月工资都过万！（大声）如愿！

我们几个能唠叨，说得不好您别笑，就想拿个一等奖（有笑容，手指作“1”状），投票！（作滑稽状）

为了开好联欢会，大家精心来准备，后面节目更精彩，撤退！（退场）

案例三：

《说说这一年》

我们四人台前站，上台演个三句半，不知会说不会说，试试看！

祖国建设跨战马，小康路上再加鞭，科学发展指航程，宏图展！

铁路建设大发展，条条高铁捷报传，北京逛逛很方便，一日还！

公司今年不一般，负重爬坡闯难关，安全效益双丰收，不简单！

强化管理严在先，人文关怀乐开颜，冬送温暖夏送凉，心里甜！

助学助困家温暖，莘莘学子奔校园，生老病灾不发愁，有保险！

公司投入建家园，三线建设人人夸，安居乐业心无忧，笑开颜！

一站一景多美观，站站好像大花园，职工休息进屋里，如宾馆！

清峪工区吃水难，公司设法解困难，购进一台净水器，井水甜！

党建品牌李喜全，“三看三查”质检法，排除问题防事故，李安全！

党员工长李春常，以路为家工作狂，各项工作争一流，拼命郎！

道德模范杨德强，义务献血获金奖，洹河救人传安阳，美名扬！

“建国热线”人人夸，忙的建国团团转，一个电话就成事，真方便！

如今网络都喜欢，青年男女爱聊天，西站网吧解困扰，好休闲！

建设安铁美家园，团结奋斗谱新篇，好人好事新气象，说不完！

学习贯彻十八大，振奋精神加劲干，争创一流齐努力，比贡献！

说到这里为一段，因为水平很有限，说得不好提意见，再见

案例四：

《新面貌》

第四人走上台，欢庆锣鼓敲起来，咱们说点什么呢？拜拜！
是那一个在捣蛋，不会说的靠边站，算了夸夸咱工地，向前！
夸咱工地说说看，说得不好不吃饭，我们四个头一回，添乱！
上台表演腿打颤，大事小事胡乱侃，如有雷同你别喊，谁敢！
先给各位问个好，说得不好不要吵，不管说得好不好，别跑！
工地项目开工早，高山隧道进展好，高山高架桥墩高，开局！
围绕建成总方案，今年定为起跳年，要让企业大发展，猛干！
公司老总水平高，科学决策勤思考，高科含量靠动脑，高高！
公司上下齐动员，个个都是战斗员，人人憋足一口气，加油！
公司事、天下事，大事小事同重视，齐心协力创大事，抓紧！
我们几个话挺多，大家不要嫌啰唆，希望同事捧捧场，鼓掌！
工地项目是咱家，幸福连着你我他，大家都来欢乐吧，哈哈！
材料供应咱很累，付出汗水几多倍，跑前安后要学会，受罪！
厉行节约不可少，精打细算本领高，账务管理制度严，重要！
半句说得实在精，好像一字值千金，何不多说一个字，节省！
该节省的才节省，安全质量是根本，偷工减料铸大祸，严惩！
冒酷暑来战严寒，人人都在拼命干，顽强拼搏真实践，无怨！
工地施工很劳累，你看大家多憔悴，拼命三郎他是谁，各位！
文明工地很重要，关键细节注意了，得个表扬喜眉梢，赚了！
质量工作行得好，安全标准要求高，上级部门来检查，很好！
项目建设任务重，公司上下齐出动，为了企业永远红，拼命！
工地员工热情高，样样工作用心搞，铁人精神学得好，领跑！
林董是咱领头雁，各级领导齐争先，争先创优比贡献，全面！
调整结构重点抓，稳扎稳打绩不差，与人相比不输他，给力！
不管工程有多难，攻关人人冲在前，个个都是英雄汉，不一般！

员工工作齐争先，企业文化是理念，正确树立人生观，奉献！
我们几个胡乱诌，大家不要来弹嫌，希望朋友捧捧场，鼓掌！
今晚大家来聚会，忘记一年苦与累，憧憬明天心儿醉，难睡！
兄弟四个来表演，演得不好别笑咱，演得好了怎么办，给钱！
龙年是个吉祥年，祝福话儿说不完，敲锣打鼓道吉言，祝愿！
一祝大家都平安，二祝大家身体健，三祝大家好财源，无限！
工地员工开年会，精彩节目在排队，我们四个没准备，撤退！

（四）快板

1. 内容的创作

快板书由数来宝演变而成，是一种新兴的戏曲剧种。因沿用数来宝的击节乐器两块大竹板儿（大板儿）和五块小竹板儿（节子板儿）而得名，大小竹板儿合称为“七块板儿”。

节目的选材：结合企业文化、公司现状、前景瞻望等方面，用通俗易懂的简洁词汇制作脍炙人口的快板书台词。可以以施工现场情景为原型，引问、设问等形式提起观众的胃口，节目后段要以符合中国特色社会主义核心价值观和企业核心价值观的内容延伸，在娱乐的氛围有引人深思的余味。

表演形式的选择：①小快板。小快板即通常所说的快板诗。由一个人边打板边演唱，又叫单口快板。这种快板形式最易掌握，因为它篇幅短小，形式简单，只需十句八句，或一二十句，就能迅速反映现实生活；②对口快板。由甲、乙两人各数一段，交替演唱。每段句数的多少视具体情况而定，一般是偶数。它往往把若干材料连缀在一起，没有一个贯串始终的中心事件。但组织材料仍然要紧紧围绕主题，防止漫无边际、杂乱无章；③群口快板。又叫快板群。参加表演的人数较多，四五个人以致十来个人均可。演唱时有领有合，也可以分成两三个小组交替演唱。有时辅以集体造型。演员的身份一般都不固定，可以是叙述者，也可以进入角色，以作品中人物的口吻演唱。这种快板形式适于表现热烈的场面；④快板书。由一个人边打板边演唱，有时插入白口。它和单口快板的区别是：后者重点不在于交代情节和刻画人物，而着重在议论、抒情，容量小，篇幅短；快板书则有完整的故事情节和人物形象，容量大，篇幅长，是一种叙事性的快板。

综上所述几种快板形式，应结合策划安排随机应变。

2. 道具的准备

①选竹板：初学者最好请会打板的人来帮你挑选。

②长袍案桌：视情况选择。

3. 音乐与背景的制作

①音乐分类：音乐中的快板、慢板、行板、柔板等表示乐曲根据不同表现需要而行进的速度。

同样是三拍，使用快速，会给人以活泼明快的感觉；而使用慢速，就会获得优雅、闲适的效果。通常快的节奏是比较令人兴奋的，它和我们激烈运动时的心跳、呼吸相对应，而慢的节奏则使人心态平和，情绪稳定。一般来说，表现激动、兴奋、欢乐、活泼的情绪，是与快速度相配合的；表现阳光明媚、春色满园的大自然风光时则往往和适中的速度相配合，而轻快的佳音、宏大的颂歌、沉痛的挽声、深深的回忆等则多与慢速度相配合。

②快板表演技巧：表演快板，右手拿着大板，对表演有所影响，必要时可以把右手腾出来，有三种方法：一是夹板，把大板夹在左腋下。二是挎板，把大板挎在左手脖上。三是放板，把大板放在桌子上。

案例一：

《施工安全大于天》

打竹板，走上前，开门见山说安全；
建筑施工靠安全，安全第一不能变；
说安全，道安全，安全与我紧相连；
安全工作方方面，不知你要说哪段；
今天不把别的表，说说咱的安全员；
安全员，施工员，材料员，造价员；

施工项目总经理，都是施工安全员；
安全员，抓安全，施工一线保安全；
监督安全作用大，查违章来排隐患；
铁面无私拒违章，按章办事无情面；
施工员，保安全，安全重任挑在肩；
现场状况要熟悉，施工顺序要顾全；
质检员，热心肠，好人好事说不完；
分析事故找原因，提高认识放在前；
爱国爱岗爱中铁，提高素质最关键；
促进企业大家庭，齐心协力做贡献！

案例二：

《敬业颂》

打竹板，笑开颜，我们六位来台前；
来台前，排好队，六个竹板响声脆；
响声脆，心中喜，先给大家敬个礼；
敬个礼！
欢快的舞，动听的歌，欢聚一堂乐呵呵；
动听的歌，欢快的舞，再为来年敲战鼓；
这边看，公司领导齐欢笑，今年的业绩大突破；
那边瞧，员工咧嘴笑开颜，收入的水平超去年；
公司发展步伐快，宏伟蓝图划时代；
今年工作不寻常，公司业绩创辉煌！

案例三：

《守约施工人人先锋》

要想建设效果好，选择队伍要招标；
中标以后订合同，免得约束无依照；
协议内容应详尽，权利义务与违约；
甲方按时交图纸，会审图纸别忘掉；
施工单位做两算，人工机械和材料；
施工现场先平整，线外两米要接牢；
找好方位来放线，按着规定挖地槽；
先做垫层后基础，地梁一般三百高；
基础部位有洞口，具体位置图示标；
做完基础砌墙体，二者之间有防潮；
砖墙砌体要牢固，首层砂浆强度高；
制作圈梁支模板，顶浆上板提工效；
三毡四油来防水，顺水坡度二分毫；
人工排水落水管，自然排水檐板包；
外墙做完做勒脚，勒角间隔有线条；
外墙根部有散水，六米伸缩紧记牢；
室外完工转室内，水暖安装第一招；
中级抹灰分两层，砂灰打底后麻刀；
先做屋面后墙裙，墙裙下面有踢脚；
厨浴厕所精装修，瓷砖地砖不可少；
素灰打底贴稳固，厕浴底部谨防潮；
室内最后做地面，磨石机遇要抓好；
门窗安装上油漆，接通水电待结交；
交工之前要验收，自检用户共同瞧；
如有不妥再返修，执行合同勿动摇；

建行留足质保金，保期维修不烦恼；
按时结算保工期，争创国家全优号！

案例四：

《礼赞十八大全面建设党的科学化水平再发展》
台上站，竹板打，今天我礼赞十八大；
十八大，开得好，选出了新一届好领导；
举旗识，明目标，党把中国来领跑；
民族发展主心骨，振兴中华党的建设最重要；
建小康，现代化，民族复兴责任大；
新形势，新任务，人民期待更幸福；
一件件，一桩桩，党的建设要加强；
要改革，要创新，党建工程再推进；
抓党建，增活力，党的嘱托要牢记；
说党建，赞党建，党的建设有主线。
执政能力要增强，先进性，纯洁性，打铁必需自身硬。
说党建，赞党建，党的建设抓关键。
说党建，赞党建，众人齐挑千斤担。

案例五：

《蓝图绘》
竹板一打响连天，中铁建设喜空前；
条条战线传捷报，华中处处换新颜；
施工现场大变天，远见卓识先规划；
工程勘察不马虎，认真设计每张图；
建筑管理规范化，安全质量标准化；
订立主体责任状，安全督导来常抓；
集中整治勤查看，日常巡查不怠慢；

安全生产不放松，文明施工立新功；
安监制度得健全，加强培训降风险；
优质样板去参观，先进经验来学习；
起重机械要领增，伤害事故零发生；
工程招标程序透明肩膀担道义；
施工监理不徇私情良心守公平；
我们面对灯红酒绿警钟要长鸣；
我们面对威逼利诱铁骨更铮铮；
差之毫厘藏隐患，贻害无穷民遭殃；
严格一分保质量，有益无害民安宁；
干部群众担重任，同心同德齐上阵；
团结拼搏干实事，创新管理名声振！

四、发善心

发善心是道德讲堂活动的高潮部分，是台上台下互动、观众参与节目的重要形式之一。在主持人组织下或由企业领导带领参加者集体宣誓、表态。有时，活动将发善心改为谈心得，由主持人指定个别人发言，或者由参加者自由交流听后的感受。观众结合自身实际，分享心中的感受，评议身边的好人好事，通过“我讲”“我品”“我议”的形式，让人在实践行动中受到教育，更能感悟道德力量，升华自身境界，形成道德共识，达到演出效果。

与会人员依据自身实际，结合本次道德讲堂的主题分享自己的感悟，并主动作出道德承诺或善举。

活动形式：①沙龙；②现场采访；

活动时长：15分钟左右。

（一）沙龙

1. 主题选择：结合道德讲堂主题，可适当引申；
2. 人员安排：随即选择5人左右；每人谈话时间2—3分钟；

3. 具体过程：

①主持人宣布进入发善心环节，同时道具组将沙发布置就位，准备两只话筒；

②主持人通过电脑抽签选取5名观众上台；

③主持人先请被邀访谈人员分别自我介绍；

④主持人过渡后将话题导向访谈人员，由访谈人员从本次道德讲堂主题出发，结合自身实际或身边的真实事例，分享自己的感悟体会，主持人应及时同访谈人员互动，不可变成独白；

⑤5人分享完后，共同宣读道德承诺，承诺书提前准备好，承诺环节由主持人发起，五人同时起立，道具组递上承诺书，共同宣读；

⑥承诺后主持人请访谈人员下台，并做总结，总结后宣布进入下一环节。

（二）现场采访

（1）人员选择：

采访人数：4人；

选择方式：自愿举手发言，主持人随机选择，两男两女，最后一位为领导；

每人采访时间：前三人每人3分钟，最后一人5分钟。

（2）表现形式：主持人邀请，道具组递送话筒；被采访人叙述。

五、送吉祥

送吉祥作为道德讲堂最后一个环节，送吉祥寓意着“厚德善行、吉祥相伴”。通过现场赠送一份道德文化纪念品，送出美好祝福、传播道德魅力、留下一段念想，实现爱心、善心的传播。送吉祥环节既表示本次道德讲堂美好地结束，也让大家对下一期道德讲堂有了更多的期待，使道德讲堂的魅力源远流长。

每一期赠送的纪念品深度融含本期道德讲堂的主题及其涵义，精心选制实务小物，让参会人员睹物思意，唤起美好回忆。

所有道德传播志愿者向参会人员互送吉祥卡或吉祥物，互送美好祝福。

具体流程：

1. 主持人宣布进入送吉祥环节，现场大屏幕播放主题短片，由主持人用话筒统一呈送给听众，向听众送上吉祥的祝福，衷心祝愿各位同事厚德善行，吉祥相伴；

2. 主持人话语祝福的同时，工作人员向全场所有参会人员赠送吉祥文化纪念品。

第五节　道德讲堂精选案例

第二十讲　三严三实

一、策划方案

（一）活动时间：2016年8月14日。

（二）活动地点：中铁建设大厦3层报告厅。

（三）参加人员：外部媒体、合作单位、股份公司领导、中铁建设领导和职工等。

（四）活动背景：2014年3月9日，习近平总书记在第十二届全国人民代表大会第二次会议安徽代表团参加审议时，提到“既严以修身、严以用权、严以律己，又谋事要实、创业要实、做人要实”的重要论述，称为“三严三实”讲话，即成为我们广大党员特别是领导干部的为政之道、成事之要与做人准则。

中铁建设高度重视对“三严三实”精神的学习，在第一时间印发了“三严三实”专题教育工作方案，6月1日时任集团公司党委书记汪文忠同志讲授了集团“三严三实”专题党课，此后集团班子成员分别赶赴各二级单位进行专项指导，所属二级单位30位党委书记陆续在本单位开展专题教育工作。集团所属各分公司、项目部也按照活动推进表的时间节点要求及时进行了学习、研讨和总结。在全集团上下，掀起了一股“学习弘扬焦裕禄精神、践行三严三实要求”的热潮。

本期道德讲堂主要是通过一些典型故事，展现身边的同事们践行“三严三实”的经验，使广大员工从中获得教益与感悟。

（五）节目设置：

1. 唱歌曲

齐唱《公民道德歌》《铁道兵志在四方》。

2. 学模范

讲故事《将模范进行到底》：讲述集团二级单位党委书记付结实同志，在企业工作的30年来，走南闯北，全心全意为企业服务，因常年在外奔波致使对家人的照顾减少了很多，甚至连女儿身患重疾都没能第一时间陪伴身边，依然在工作岗位上坚守；分公司总经理杨再清将员工放在第一位，坚持优质管理模式，促进企业高效运转；分公司副总经理张荣华坚持推行分供结算审核集促进项目成本管理进一步高效。以三位模范带头人物事例凸显党员与领导班子带头作用的重要性。

讲故事《权力虽小从严用，创业虽艰实中取》：设备安装公司燕翔饭店项目团队，在投标前面对自身不熟悉的BIM技术勇于探索，积极修改图纸，在项目开工后，项目多位领导面对诱惑，都选择了拒绝，并对工作高标准、严要求，最终促进项目完美结束，并得到了集团内外多方面认可。

讲故事《从我做起，向我看齐，对我监督》：以北京分公司第30项目部经理亢永的第一人称口吻，讲述了其自身日常工作脚踏实地，面对12月冬季结冰土方开挖难题亲临一线蹲守从自身做起；关键时刻真抓实干，奥体南区2号地项目，因风大可能会造成安全隐患亲自带领安全员检查发现模板加固的风险，不顾危险亲自上手解决问题；群策群力抓出实效，在招投标以及资金管理上，坚持透明化，重大决定均开会讨论并公示。

3. 诵经典

主题：严以修身，严以用权，严以律己；谋事要实，创业要实，做人要实。

4. 发善心

现场观众谈感受。

5. 送吉祥

发放道德讲堂纪念品。

二、节目单

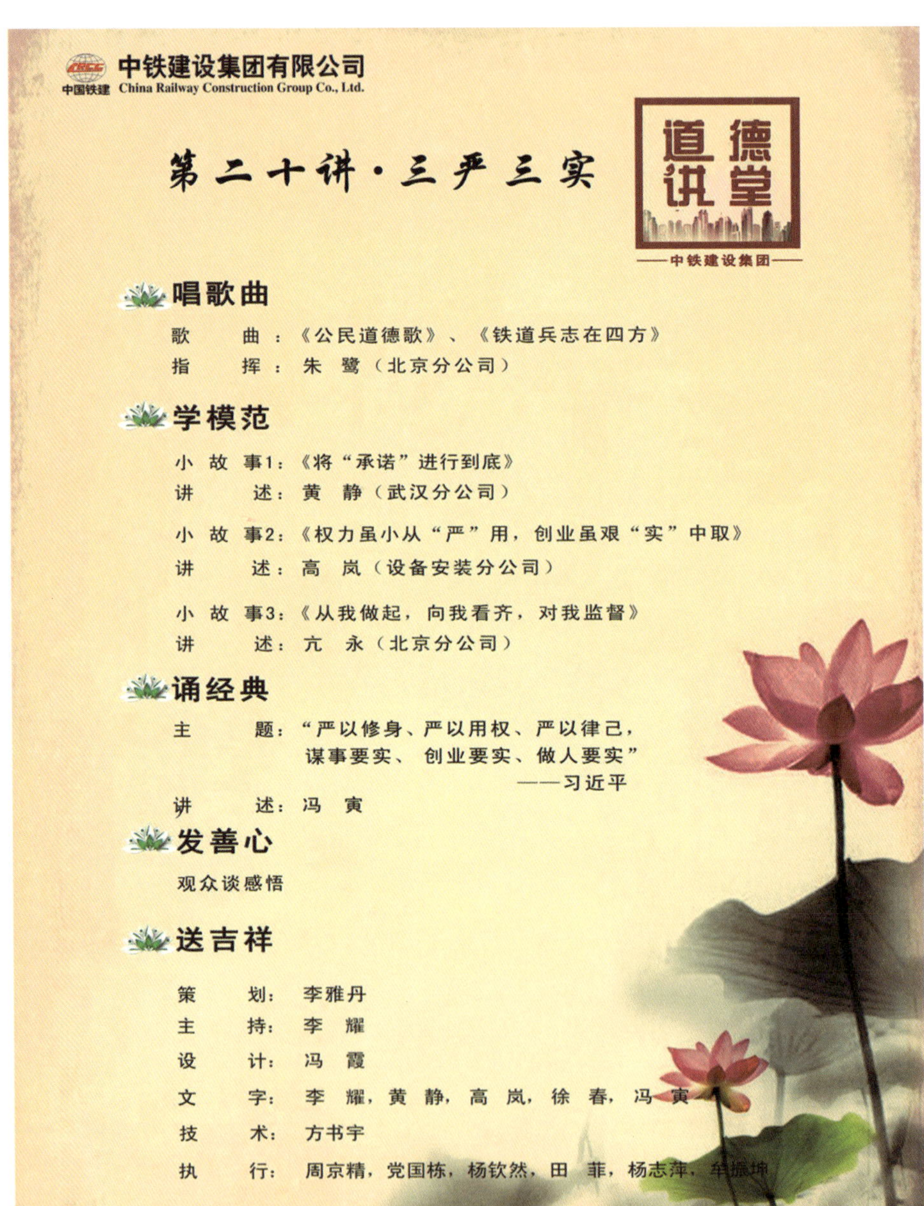
中铁建设集团有限公司
China Railway Construction Group Co., Ltd.
中国铁建
第二十讲·三严三实
道德讲堂
中铁建设集团
唱歌曲
歌　曲：《公民道德歌》、《铁道兵志在四方》
指　挥：朱　鹭（北京分公司）
学模范
小故事1：《将“承诺”进行到底》
讲　述：黄　静（武汉分公司）
小故事2：《权力虽小从“严”用，创业虽艰“实”中取》
讲　述：高　岚（设备安装分公司）
小故事3：《从我做起，向我看齐，对我监督》
讲　述：亢　永（北京分公司）
诵经典
主　题：“严以修身、严以用权、严以律己，
谋事要实、创业要实、做人要实”
——习近平
讲　述：冯　寅
发善心
观众谈感悟
送吉祥
策　划：李雅丹
主　持：李　耀
设　计：冯　霞
文　字：李　耀，黄　静，高　岚，徐　春，冯　寅
技　术：方书宇
执　行：周京精，党国栋，杨钦然，田　菲，杨志萍，牟振坤

三、主持词

尊敬的各位领导，各位来宾，大家好！

道德讲堂，讲述身边的道德故事，分享身边的道德感悟。我是本场道德传播志愿者——李耀，欢迎大家的到来！

今天道德讲堂的主题是“三严三实”。

2014年3月9日，习近平总书记在第十二届全国人民代表大会第二次会议安徽代表团参加审议时，提到“既严以修身、严以用权、严以律己，又谋事要实、创业要实、做人要实”的重要论述，称为“三严三实”讲话，即成为我们广大党员特别是领导干部的为政之道、成事之要与做人准则。

中铁建设高度重视对“三严三实”精神的学习，在第一时间印发了“三严三实”专题教育工作方案,6月1日党委书记汪文忠同志讲授了集团“三严三实”专题党课，此后集团班子成员分别赶赴各二级单位进行专项指导，所属二级单位30位党委书记陆续在本单位开展专题教育工作。集团所属各分公司、项目部也按照活动推进表的时间节点要求及时进行了学习、研讨和总结。在全集团上下，掀起了一股“学习弘扬焦裕禄精神、践行三严三实要求”的热潮。

下面，请大家在我们道德传播志愿者的带领下，看看就从我们身边的同事们践行“三严三实”的故事中，能获得怎样的教益与感悟。

首先，我们进入第一个环节——唱歌曲。请大家起立，共同唱起《公民道德歌》和《铁道兵志在四方》。有请指挥朱鹭。她是来自北京分公司的道德传播志愿者，有请。

…………

请坐下，感谢大家。

下面，我们进入第二个环节：学模范。三严三实分为三个专题。专题一是“严以修身，谋事要实”。严以修身，严在理想信念。谋事要实，实在思想路线。远大的理想每个人都有过，崇高的思想境界也是很多人毕生的追求，但要实现，很难，难在执行、难在坚持。但我们身边，有人不但做到了，并做得让人心服口服。下面有请武汉分公司道德传播志愿者黄静为我们带来《将“承诺”进行到底》。

三严三实的第二个专题是“严以用权，创业要实”。严以用权的关键是坚持权力属于群众、用权造福群众。因而，中铁建设大力推行了“民主决策”“六个集中”等制度，就是为了通过合理用权保证集体利益的最大化，为企业创造效益，为员工保障收入。在设备安装分公司有一群人，既坚持规范用权，又努力真抓实干。他们所干的工程被中建三局的同行称为“学习的样板”。下面有请设备安装分公司道德传播志愿者高岚为我们带来《严以用权塑团队，真抓实干筑精品》。

周恩来同志说过：“世界上最聪明的人是最老实的人，因为只有老实人才能经得起事实和历史的考验。”在中铁建设，也有一位公认的老实人，虽然身为项目经理，却经常身先士卒地冲锋在第一线；虽然自律甚严，却又主动要求别人来监督自己。古语有云“天下大事必作于细，古往今来必成于实。”他靠着对工作一丝不苟，“做人要实”的理念，赢得了所有人的尊重。今年7月，集团在半年工作会议期间，336名项目经理参加的“三严三实”专题教育和反腐倡廉教育培训会上，他结合自己在项目管理中坚持“三重一大”，反腐倡廉，做了经验介绍，深受大家好评，今天我们道德讲堂也有幸邀请到北京分公司第31项目部经理亢永，请他跟我们分享下在工作践行“严以律己，做人要实”的小故事。

希望我们能见贤思齐，按照各自的岗位职责要求，塑造自己的角色形象，把“权”字认清，把“人”字写正，把“我”字看小，把“责”字放大，这样我们才能在人生路上稳步前行，有所建树，感谢亢永的分享。

三严三实明确了领导干部的修身之本、为政之道、成事之要。对于党员干部来说，无论干事、做人、为政，都要用“三严三实”这面镜子自照照人，致力于增强党性修养、弘扬优良作风，并将之内化于心、外化于行、教化于众，凝聚起磅礴的正能量，如此才能不论为空谈。

下面，我们进入第三个环节：诵经典。有请来自设计院的道德传播志愿者冯寅，带领我们诵读“三严三实”。掌声欢迎！

…………

感谢冯寅。三严三实，不仅需要理解，更需要铭记，需要长期不断地自我对照和反省。如果前热后冷、前紧后松，就会功亏一篑，作风建设永远在路上。

接下来，我们进入第四个环节：发善心。

刚才，讲了许多也看了许多，有想和大家分享心得的同志，可以举手示意。

…………

下面有请中国铁建股份有限公司×××领导发言。

接下来我们进入第五个环节：送吉祥。

有请我们的道德传播志愿者将一枚精心雕刻的笔筒发送给大家。

我们给大家准备的笔筒是竹制的。空心的竹筒象征着虚怀若谷的品格。竹的生而有节、竹节必露则是高风亮节的象征。希望大家能像竹一样正直清高，弯而不折。此外，笔筒上刻有我们今天道德讲堂的主题“三严三实”。希望大家日后每次看到这个礼物都能及时对照、常常自省。

好的，本期道德讲堂的所有环节到此已经全部进行完毕。

感谢中铁建设全体道德传播志愿者的辛勤努力，更感谢每一位到场观众的热情参与！

今天的道德讲堂到此结束，我们下期再见！

四、图片资料

齐唱《公民道德歌》《铁道兵志在四方》

优秀项目经理亢永作为道德传播志愿者讲述“严以律己，做人要实”的励志故事

诵经典环节诵读“三严三实”二十四字

现场观众谈感受

道德讲堂纪念品发放现场

五、要点说明与解读

2016年8月14日，中铁建设第二十期道德讲堂暨“三严三实”专题讲堂在集团总部三层报告厅精彩开讲。中铁建设时任董事长、党委书记汪文忠，时任副总经理、总工程师贾洪及总部机关、京内二级单位职工近200人在道德传播志愿者的带领下，共同聆听身边有关“三严三实”的故事。

本期道德讲堂结合中铁建设“三严三实”专题教育活动，从下属单位领导班子、项目部团队、优秀典型代表三个不同层面，通过唱歌曲、学模范、诵经典、发善心和送吉祥等五个环节，展现了中铁建设干部职工认真践行“三严三实”要求的坚定信念。严以修身，严在理想信念；谋事要实，实在思想路线。演讲《将“承诺”进行到底》讲述中铁建设武汉公司强有力、负责任、敢担当的领导班子严以修身作表率，勇于担当抓落实，团结带领全体员工共同奋进的动人故事。《权力虽小从“严”用，创业虽艰“实”中取》讲述了备安装公司燕翔饭店项目团队既坚持规范用权，又努力真抓实干，最终所干的工程被中建三局的同行称为“学习的样板”，引人深思。北京公司优秀项目经理亢永在项目管理中坚持做好“三重一大”和反腐倡廉工作，并于今年中铁建设半年工作会议中做了有关经验介绍。此次道德讲堂，他亲临现场进行《从我做起，向我看齐，对我监督》的演讲，讲述自己在工作中践行“严以律己，做人要实”的励志故事。

中铁建设此次举办的“三严三实”专题道德讲堂，用职工身边的生动事例诠释着“三严三实”的深刻内涵，有力配合了中铁建设“三严三实”专题教育活动的开展，对于进一步加大干部职工的作风建设起到了促进作用。“在‘诵经典’环节跟着志愿者读了三遍‘三严三实’的具体内容，我真的牢牢记住了这二十四个字，”装饰公司员工石楠表示，“参加完这次活动，感觉‘三严三实’不仅是对领导干部的要求，而是对所有人的要求，每个人都应该是践行者。”

第二十四讲　讲规矩　守纪律

一、策划方案

（一）活动时间：2016年11月15日。

（二）活动地点：中铁建设大厦3层报告厅。

（三）参加人员：外部媒体、合作单位、股份公司领导、中铁建设领导和职工等。

（四）活动背景：本期道德讲堂主要是回顾十二五，展望“十三五”，同时，时刻提醒党员干部，作为中铁建设人，如何以“讲规矩、守纪律”为准则、以持续科学发展为坐标、以全面深化改革为动力，锐意创新、务实重干，为做强做优做大企业贡献力量。

（五）节目设置：

1. 唱歌曲

齐唱《公民道德歌》《铁道兵志在四方》。

2. 学模范

故事《刘徐拍马》：讲述人力办公室主任严三实面对他人求办事赠予的苹果手机，严守底线当即拒绝的故事。

相声《学俄语》：以幽默语气对贪腐行为进行反讽，并强调了集团集中管理、降本增效策略的重要性。

小品《职工风采大赛》：以风采展示的形式，强调集团群众路线、三严三实战略，以及导师带徒、六个集中策略的重要性，并且提出集团集中测量小组成立的正确性，并表行了集团对于打击贪腐现象的决心与态度。

3. 诵经典

主题：预知平直，则必准绳；预知方圆，则必规矩。

4. 发善心

《新语新愿》。

5. 送吉祥

发放道德讲堂纪念品。

二、节目单

中铁建设集团有限公司
China Railway Construction Group Co., Ltd.

第二十四讲规矩·守纪律

唱歌曲

歌　　曲：《公民道德歌》
指　　挥：周京精（总部）

学模范

小 故 事：《刘徐拍马》
表　　演：赵 虎、苏 杉、张林谦、郑双龙（铁路总指挥部）

相　　声：《学俄语》
表　　演：梁庆丰、李冠良（山西分公司）

小　　品：《职工风采大赛》
表　　演：王丙西、蔡海峰、于 炯、王亚苹、邹华山、毋亚辉（郑州分公司）

诵经典

主　　题：“欲知平直，则必准绳；
欲知方圆，则必规矩”
——选自《吕氏春秋》
讲　　述：冯 寅（建筑设计院）、石 楠（装饰分公司）

发善心

《新语心愿》

送吉祥

策　　划：李雅丹、袁 鹏、周京精、李国卿
主　　持：尚 蔚
文　　字：尚 蔚、梁庆丰、李国卿、冯 寅、石 楠
设计及技术：冯 霞、崔 帅、方书宇
执　　行：党国栋、陈 逸、王 征、王 理

三、主持词

尊敬的各位领导、亲爱的同事们，大家下午好！

欢迎来到中铁建设第24期道德讲堂。道德讲堂，讲述身边的道德故事，分享身边的道德感悟。

我是道德传播志愿者——尚蔚，感谢大家的参与和支持！

涓涓的细流，可以汇成壮阔的大海；平凡的脚步，可以走完伟大的行程。当时针指向2016年，我们情不自禁瞻望新的一年，又憧憬“第一个百年”梦想实现的灿烂阳光。今年是第十三个五年规划的开局之年，回首过去，我们砥砺前行；展望未来，我们步伐坚定。

在开场的短片中，艺术家用沙画的形式带领我们在时空中穿梭，回望中铁建设发展的峥嵘岁月。时间勾勒新的年轮，刻下生命前行的足印。在即将过去的这一年，我们为世界留下了什么，历史又将记住我们什么？

当然，无论我们有何丰功伟绩来让历史铭记，但追根溯源，身为党员干部的我们，一切一切的前提就是要做到修身、律己，即讲规矩、守纪律。细想我们每个人这一年的工作与言行，我们是否勇于担当切实履行管理职责“权为民用”；是否严守规矩，时刻做到心中有戒“情为民系”；是否积极作为，服务员工谋求福祉“利为民谋”。今天，就让我们一起看看中铁建设人是如何以“讲规矩、守纪律”为准则、以持续科学发展为坐标、以全面深化改革为动力，锐意创新、务实重干，为做强做优做大企业贡献力量。

回顾“十二五”，是我们企业发展不平凡的五年，取得了巨大成就，实现了圆满收官。行稳才能致远，改革才能图治，踏上“十三五”规划的改革发展步点，越是面对繁重任务，越是要集纳民智、凝聚民心、激发民力。身为党员干部的我们，必须要把“三严三实”作为修身律己的基本遵循，时刻做到讲规矩、守纪律。时刻提醒自己，有没有勇于担当切实履行管理职责，做到“权为民用”；有没有严守规矩，时刻做到心有戒“情为民系”；有没有积极作为，服务员工谋求福祉即“利为民谋”。今天，就让我们一起共同思考作为中铁建设人，如何以“讲规矩”为准则，为做强做优做大企业贡献力量。

本次道德讲堂共设5个环节，分别是：唱歌曲，学模范，诵经典，发善心和送吉祥。

首先，我们进入第一个环节：唱歌曲。

有请道德传播志愿者周京精，带领大家共同唱起《公民道德歌》。有请。

（周京精就位后）请全体起立！

…………

请坐下。感谢周京精，让我们在歌声中，感受道德的力量。

…………

下面，进入第二个环节：学模范。

…………

“踏实做人，老实做事”“一步一个脚印”，这是我们从小就被教导的道理。但我们身边却总有人不屑于按常识、常规思考办事：不愿意等绿灯，习惯于“抱团闯红灯”；不愿意公平竞争，习惯于走关系、跑门路……这种不守纪律、不讲规矩，只求最快最省地达到目的的做法真的是在走捷径吗？通过下面的节目，我们一起来思考这个问题。有请道德传播志愿者×××表演小品《三严三实》。

…………

感谢各位道德传播志愿者。我们在生活中发现，只要路口前面的几个人按规矩等候红灯，后面的绝大多数人都会耐心等待，这就是“头羊效应”。人人都去抢道，马路就会瘫痪；人人都走捷径，必将无路可走。党员干部如果在为人处事和行使权力的过程中把“讲规矩”变成自觉的行为习惯，在守规矩上做表率，就能带领群众走在规则、法律允许的捷径上。好，下面请大家欣赏相声《学俄语》。

…………

感谢老梁和小李的精彩表演！

项目部是我们企业的创效之源、兴旺之本。然而，常年与大量的人、财、物直接对话，随之而来的各种诱惑也在时刻考验着一线干部的职业操守与政治智慧。可以说，是否“讲规矩、守纪律”直接决定了我们的项目部是成塔之沙还是毁堤之穴。下面有请来自郑州分公司的道德传播志愿者为我们带来他们自编自导自演的小品《中铁建设职工风采大赛》。

…………

感谢各位的精彩表演。无论是员工续签合同考试，还是选拔项目经理，或者是员工风采大赛，都存在竞争，有了竞争就会有矛盾，而起到平衡调和矛盾作用的就是两个字——规矩。在十八届中央纪委五次全会上，习近平总书记大篇幅论述了“政治纪律和政治规矩”，强调“要加强纪律建设，把守纪律讲规矩摆在更加重要的位置”。欲知平直，则必准绳；欲知方圆，则必规矩。事事讲规矩、人人守纪律，社会风气就会更加清朗。

下面进行第三个环节：诵经典。

有请道德传播志愿者冯寅，带领大家重温中华古典。在古人先贤的智慧和积淀中，体味“规矩”的力量。有请!

…………

感谢冯寅的精彩解读。下面，我们进行第四个环节：发善心。

还有不到一周的时间，我们就要辞别乙未羊年，迎来丙申猴年。站在岁末年初，盘点着2015年的种种收获，相信有一个词大家一定非常熟悉，那就是中国梦。今天我们的发善心环节就将走出会场，奔赴祖国的大江南北，来到一线员工的身边，来听一听他们的新年梦想。

…………

一句句朴实得不能再朴实、简单得不能再简单的话语却让我们一次次为之动容，因为它们所表达的是我们每一个人发自心底最真实的梦想和期盼。“中国梦”的内涵，是实现国家富强、民族复兴、人民幸福、社会和谐。具体到我们个人身上，那就是家庭和睦、亲人安康、事业兴荣、祖国昌盛。

好的，我们现在进入最后一个环节：送吉祥（主持人拿台历）。

有请道德传播志愿者为大家送上我们自己设计的台历。小小的台历凝结了近10年来中铁建设数千名员工的智慧和心血，因为在这个台历上印刷了20幅中铁建设所承建的优质工程的照片。2015年中铁建设的企业形象和品牌价值进一步提升，被评为“十二五”企业文化建设优秀单位，荣获股份公司“四好领导班子”称号。荣获4项鲁班奖，2项国优奖，1项詹天佑奖，4项钢结构金奖。

“凡是过去，皆为序章”。中铁建设的发展前后相续，今天的奋斗将成就明天的光荣。当历史的航船驶入2016年，我们回望今天，就能豪迈地说：我们没有错失时代的机遇，没有辜负历史的使命。在此，我代表本场全体道德传播志愿者，衷心的感谢一年来奋战在工作战线上的中铁建设员工。祝愿中国铁建在2016年的365个日夜中，为中国筑福，为社会添彩。同时也祝愿在座的各位朋友及您的家人，福祝天下，吉祥相伴。

本期道德讲堂的五个环节已全部结束。再次感谢在座各位的热情参与！本期道德讲堂到此结束，我们下期再见！

四、图片资料

道德传播志愿者

齐唱《公民道德歌》《铁道兵志在四方》

小品《三严三实》

相声《学俄语》

小品《中铁建设职工风采大赛》

发放道德讲堂纪念品

五、要点说明与解读

过去的一年，是全面深化改革的关键之年，中国经济全面迎来“新常态”，新常态之“新”，意味着不同以往，面对迎面而来的飞速变革。中铁建设这个拥有万名员工的建筑企业以不变的铁道兵之魂迎接挑战。

从响应国家从严治党号召落实八项规定，到全面贯彻党风廉政建设；从扎实推进学习型、服务型、创新型党组织建设，到抓好“两个责任的落实”；从深化“四风”整治、巩固教育实践活动成果，到深入开展“三严三实”专题教育，着力解决不严不实问题；这一年，中铁建设在守纪律讲规矩、强化政治定力上取得实效。在真抓实干、推动改革发展稳定上交出满意答卷，中铁建设以高度的政治责任感，加强管理、改进作风、推动工作，实现了“十二五”圆满收官！

回眸2015，展望2016，“十三五”爬坡登顶之关键，机遇大于挑战，俗话说：“闭门造车，出门合辙。”对于企业，制度就是规矩，敬畏制度才能不越红线，规矩影响企业稳定、纪律关乎企业发展，规矩看似是种约束，实则是对党员干部的爱护和保护，是党员干部不迷失自己的重要前提，只有按照习主席“心中有党、心中有民、心中有戒”的要求，自觉讲规矩、守纪律，才能做好企业生态的建设者、做良好企业风尚的带头人。守得“四会”新规矩，必无有倾覆之虞，今日我们讲规矩，求的是内化于心，外化于行，不忘初心，我们跨步前行！

第二十八讲　看齐

一、策划方案

（一）活动时间：2017年1月13号。

（二）活动地点：中铁建设大厦3层报告厅。

（三）参加人员：外部媒体、合作单位、股份公司领导、中铁建设领导和职工等。

（四）活动背景：召开2017年度工作会之际，响应中央增强“四个意识”的号召，诠释“看齐”意识，宣贯集团年度工作会精神，号召全体职工增强“四个意识”，紧密围绕上级党委部署的中心任务，向核心看齐，向党委看齐，向先进看齐。

（五）节目设置：

1. 开场舞

《共享繁荣》。

2. 唱歌曲

齐唱《公民道德歌》《铁道兵志在四方》。

3. 学模范

小品《评优》：讲述项目基础普通员工张看齐同志，身体力行发扬老铁道兵精神，对待工作认真负责，严守自身工作底线，严格遵守集团六个集中制度，面对没有集中采购的材料，严格把控，在同事家中出现变故——孩子身患重病需要费用之际，毫不犹豫拿出积蓄，伸出援手。也正是因为张看齐同志优异的表现与高品格，最终当选优秀员工，并且为人所信服。

小品《其实你不懂我的心》：老铁道兵父亲退休在家，儿子同在集团工作，每天工作十分忙碌，能陪老父亲时间甚少，老父亲感到十分孤独，故以装病的方法，想让儿子多陪他。儿子起初对老父亲表示不信任，并请来医生，在一番了解情况后，医生看懂了老父亲用意，并将计就计说老父亲的确身体不适，需要陪伴，并给予老铁道兵之子以提示，工作重要，父母更重要，要兼顾。

4. 诵经典

《群力谁能御，滴水石可穿》。

5.发善心

共赏：你晒什么，我有。

6.送吉祥

发放道德讲堂纪念品。

二、节目单

中铁建设集团有限公司
China Railway Construction Group Co., Ltd.

道德讲堂
中铁建设集团

第二十八讲·看齐

开场舞

舞　　蹈：《共筑繁荣》

表 演 者：周京精　苏闽晋　张大鹏　梁　睿　张芳芳　尚雪梅
宋昀霖　杜林珊　杨智慧　刘雄斌　胡东旭
刘　阳　石雅楠　杨祎硕　逄丹丹　班文婕　杨红月
张浩强　曲　策　吕立信　李凯强　赵晋鹏

唱歌曲

齐　　唱：《公民道德歌》、《铁道兵志在四方》

学模范

小　　品：《评优》

表 演 者：戎树伟　王利生　苏　杉　姜　博　孙琰琰

小　　品：《其实你不懂我的心》

表 演 者：陈　增　邱智国　张思洋　张大鹏

诵经典

主　　题：“群力谁能御，齐心石可穿。”

吟 诵 者：冯　寅　苏闽晋　田　鑫　李　耀

发善心

共　　赏：《你晒什么，我有》

送吉祥

总 策 划：李雅丹　李　耀

主 持 人：李冠良

文　　字：周京精　张吟雪　苏闽晋　冯　寅　石雅楠
李　伟　张彬彬　陈　逸　苏　杉　姚　望
赵春雨　闫　芬

技术支持：方书宇

三、主持词

现场尊敬的各位领导、亲爱的同事们，大家下午好！

刚才一段欢腾的舞蹈成功炒热了我们现场的气氛啊，同时呢，再过两个星期就是我们传统的新春佳节了，在这样一个欢乐祥和、喜气洋洋的日子里，我们欢聚一堂，共同迎来了由中铁建设党委主办的第28期道德讲堂。希望通过今天这样一个活动，能够对刚刚结束的、为期三天的会议画上一个圆满的句号。同时也在新年伊始，吹响我们中铁建设披荆斩棘、奋勇前行的号角。

道德讲堂，讲述身边的道德故事，分享身边的道德感悟。我是道德传播志愿者李冠良，今天我们的主题是“看齐”。提到这样一个词语，我想，今天现场的铁道兵战士们一定会感到非常的亲切，因为我相信你们肯定曾经无数次地听到那句熟悉的口号“向右看齐”。没错，此看齐与彼看齐意思相同，只不过今天站在右边的，不再是曾经那亲密无间的战友，而是我们伟大的，以习近平同志为核心的党中央。“群力谁能御，齐心石可穿”，我们的党能够经历95年风风雨雨走到今天，靠的就是“人心齐、泰山移”，全党上下同心同德、万众一心。同样的，我们中铁建设依靠着强有力的看齐意识、和进取精神取得了一个又一个振奋人心的辉煌，我们在2016年斩获了343个亿的营业收入、8.5个亿的利润，资产负债率、两金绝对值、有息负债率系统内19家施工单位排名第一，各项经济指标均创历史新高。可喜的成绩离不开全体员工在领导班子英明领导下的辛勤付出，离不开我们向党中央看齐、向优秀企业看齐、向身边先进模范看齐的态度与决心。今天，就让我们擦亮双眼，向着2017年的新辉煌和新成就看齐，2017我们整装待发！

本次道德讲堂共设五个环节，分别是：唱歌曲、学模范、诵经典、发善心和送吉祥。

首先，我们进入第一个环节：唱歌曲。

请全体起立，让我们共同唱响《公民道德歌》和《铁道兵志在四方》。

…………

请坐下，感谢大家！

非常令人感动的画面，无论是天涯还是海角，无论是海内还是海外，全体中铁建设人共唱一首歌。谢谢现场和视频中的每一位可爱的同事，是大家用嘹亮的歌声形成一股无坚不摧的音浪，推动着我们中铁建设，在2017，势必再创佳绩。当然，刚刚过去的2016，我们留下了太多美好的回忆。在全面超额完成股份公司下达的任务同时，我们创造了很多的第一：在上海证券交易所成功发行建筑央企第一单ABS证券产品；马来西亚四季酒店四天建造一层创造当地之最；机场、地下综合管廊全面开花，首个ppp项目正式落地，等等。这些第一在令我们自豪的同时，也成为我们心中的榜样，给我们相之看齐的，无穷的力量。接下来，让我们进入第二个环节：学模范。

在这个环节，我们的道德传播志愿者，将通过生动的小品演绎，为我们展示，模范所具有的价值和魅力。首先请您欣赏小品《评优》。

…………

感谢演职人员精彩的演绎，仿佛带着我们回到了项目部的现场。耳畔不自觉地响起了切割钢筋和打水钻的轰鸣声啊！接下来即将登场的这个小品，在彩排的过程中让我们笑到身体被掏空，讲的是个怎样的故事呢？有请道德传播志愿者带来小品《其实你不懂我的心》。

…………

感谢演员们的精彩表演，我听到现场不时传来阵阵的笑声哈！小品中所演的，不能长久陪伴在亲人身边，作为施工单位来讲，这真实的发生在我们的身上。马上过年了，希望大家能够平安到家，在欢笑声中和家人热热闹闹地吃上一顿饺子，祝愿现场和全国各地的同事们都能够阖家欢乐、新年大吉！

接下来进行第三个环节：诵经典。

有请四位道德传播志愿者，带领大家共同诵读《群力谁能御，齐心石可穿》。

感谢四位领读，也感谢现场和视频直播中的每一个人富有穿透力的诵读。群力谁能御，齐心石可穿。非常振奋人心的一句话。我们也坚信中铁建设上下都会拿出水滴石穿的精神，在2017年把握形势、抢抓机遇，不断开创“建造+

投资”双轮驱动发展新局面，以优异的成绩迎接党的十九大胜利召开。

咦！有一条微信。

我们的群里很热闹有没有？大家想不想参与进来呀，等下我们会在群力发善心呦。我们今天发善心环节啊，发的善心是红彤彤的真心啊！现场的各位来宾，现在啊，请拿出手机，扫描我们节目单背面的二维码。加入“道德讲堂发善心群”，稍后呢，我们有惊喜送上。注意！这不是演习，这不是演习！重要的话说两遍。诶，我看看啊，群里现在是有××人，我们先来发一个小的善心来预热一下，这份善心有个英文名字叫作“redbag”。中文名字我们就叫“中铁建设再创辉煌”。三、二、一走着！身为一个主持人我自发自抢都没有抢到！厉害了我的哥哥们！接下来我们来发一个大的善心，红包叫“中铁建设雄起”！希望我们企业像中国地图，像一只雄鸡一样，雄起！Are you reday, go!不知道大家抢到多大的。

当然，没有抢到也没有关系，让我们共同进入本次道德讲堂的最后一个环节：送吉祥。在这个环节呢，我们为大家精心准备了精美效率手册，请我们今天所有的道德传播志愿者，将这份小礼物，送到现场每一位来宾的身边，谢谢。手册上印有我们的企业文化，还有2016年获得的六项鲁班奖、国优奖，还有各大城市的地铁图啊。非常的实用，而且可以帮助大家提升工作效率，希望您能够喜欢。也希望我们送出的这一份吉祥，能够伴随着现场的每一位来宾，在新的一年里，在鸡年，吉人天相、吉星高照、大吉大利、吉祥如意！

本期道德讲堂到此结束，谢谢大家！我们下期再见！

请各位领导与道德传播志愿者们上台合影留念！

四、图片资料

开场舞《共享繁荣》

小品《其实你不懂我的心》

诵经典《群力谁能御，滴水石可穿》

五、要点说明与解读

2016年，中铁建设依靠着强有力的看齐意识和进取精神取得了一个又一个振奋人心的辉煌，斩获了343个亿的营业收入，资产负债率、两金绝对值、有息负债率系统内19家施工单位排名第一，各项经济指标均创历史新高。可喜的成绩离不开全体员工的辛勤付出，离不开我们向党中央看齐、向优秀企业看齐、向身边先进模范看齐的态度与决心。

欢乐祥和、喜气洋洋的日子里，我们欢聚一堂，共同迎来了由集团团委主办的第28期道德讲堂。为期三天的会议画上一个圆满的句号，同时也在新年伊始，吹响我们中铁建设披荆斩棘、奋勇前行的号角。

“身边人讲身边事、身边人讲身边人、身边事教身边人”道德传播志愿者们通过生动的小品《评优》演绎，仿佛带着我们回到了项目部的现场，为我们展示模范所具有的价值和魅力。

第三十讲　以文化人

一、策划方案

（一）活动时间：2017年4月26日。

（二）活动地点：中铁建设大厦3层报告厅。

（三）参加人员：外部媒体、合作单位、股份公司领导、中铁建设领导和职工等。

（四）活动背景：股份公司计划评选“中国铁建十大品牌”，经集团领导班子会研究决定，选定道德讲堂代表中铁建设参加评选。集团领导高度重视这项工作，要求举集团之力，打造一期精品道德讲堂，届时会请央视等主流媒体来宣传报道，股份公司党委、纪委领导也会参加。

（五）节目设置：

1. 开场

开场视频一：《企业文化》

以企业文化为主线，概括企业10年来日新月异的变化。

开场视频二：《道德讲堂》

以纪录片的形式概述我中铁建设道德讲堂的起源、发展，回顾往期道德讲堂的精彩瞬间。

2. 大型开场舞

主题为“建设者之歌”，歌颂祖国建设者。

3. 唱歌曲

齐唱《公民道德歌》《铁道兵志在四方》。

4. 学模范

分为四个篇章，分别展示四大文化理念。

讲故事《以人为本，打造受尊敬的企业》：亢永结合发展理念和自身切身经历讲述小故事。宣扬“以人为本，打造受尊敬、有尊严企业”的发展理念。

《沙画：荣耀再现》：“人格、勇气、能力三位一体”的人才理念。

讲故事《为中铁建设荣誉而战》：基础设施事业部李宏伟则通过在厦门北站、哈尔滨西站、贵阳北站攻坚克难、为中铁建设荣誉而战的奋斗故事诠释了中铁建设“人才、勇气、能力”三位一体的人才理念。

相声剧《群英集萃》：表现集团管理应注重实践，注重结果，注重领导作用，的管理理念，展现了中铁建设“堂堂正正做人、规规矩矩做事、清清白白从业”的廉洁理念。

讲故事《新高度》：道德传播志愿者张雅娟讲述了马来西亚四季酒店项目团队如何在当地创造马来西亚施工速度、中国铁建新高度的故事，表达了中铁建设“注重实践、注重结果、注重领导作用”的管理理念。

小品《送礼》：某项目材料主任严主任面对供应商以次充好的材料实行零容忍态度。供应商以礼品行贿严主任被严主任严词拒绝，凸显严主任廉洁高尚的职业情操。

相声《走出去》：以幽默的语言表现了中铁建设海外优先的战略，以及中铁建设六个集中的管理模式。正面抨击了贪腐现象，表达了集团对于反腐倡廉的决心。

5. 诵经典

道德传播志愿者冯寅伴随着悠扬的琵琶声与行云流水的太极功夫，慷慨激昂的诵读出文言版的《铁建赋》“美哉我铁建文化，盛世流芳！壮哉我铁建儿郎，再创辉煌！”。随后，志愿者冉崇华、周本林与冯芸、王帅共同举起刚刚挥毫写成的八个苍劲有力的大字“以德润心、以文化人”。

6. 发善心

观众谈感悟。

7. 送吉祥

发放道德讲堂纪念品。

二、节目单

中铁建设集团有限公司
China Railway Construction Group Co., Ltd.
中国铁建
道德讲堂
中铁建设集团
第三十讲·以文化人
开场视频
《中铁建设文化十年》
开场舞
舞　蹈：《光荣的建设者》
表演者：
唱歌曲
齐　唱：《公民道德歌》、《铁道兵志在四方》
指　挥：李雅丹
学模范
讲故事：《以人为本，打造受尊敬的企业》
讲述者：亢　永
沙　画：《荣耀再现》
讲故事：《为中铁建设荣誉而战》
讲述者：李宏伟
相声剧：《群英集萃》
表演者：梁庆丰　车玉巍
讲故事：《新高度、新地标》
讲述者：张雅娟
小　品：《送礼》
表演者：赵　虎　苏　杉　郭忠峰　嵇红辉
相　声：《走出去》
表演者：刘　淼　刘　磊
诵经典
主　题："明者因时而变，知者随事而制。"
表演者：冯　寅　冉崇华　周本林　王　帅　冯　芸（建筑设计院）
发善心
观众谈感悟
送吉祥
总策划：李雅丹　李　耀
主持人：田　鑫　田方方
文　字：田方方　高　岚　周京精　冯　寅　李冠良
技术支持：方书宇

三、主持词

男：尊敬的各位领导、各位来宾；

女：亲爱的各位同事们；

合：大家下午好！

男：今天，在熟悉的钟声中再一次迎来了令我们感到无比自豪的中铁建设品牌——道德讲堂。

女：是啊，每期一个主题，每期一种不一样的思考和感悟，自2013年创办至今已有118期，道德讲堂跟随着我们企业文化的脚步一起成长，我们也在道德力量的熏陶中不断奋发图强。

男：从仁义礼智信到勤俭自强敬业奉献，不同的主题勾勒出意识形态领域一个个不同的音符，共同奏响了一曲弘扬社会正能量的动人乐章。道德讲堂，讲述身边的道德故事、分享身边的道德感悟，我是道德传播志愿者田鑫。

女：我是道德传播志愿者田方方。

男：首先向大家介绍一下今天参加活动的重要领导及来宾，他们是……（交叉介绍）

女：让我们再次以热烈的掌声欢迎各位领导及来宾的光临。

男：我们本期道德讲堂的主题是“以文化人”。大家都知道，企业文化是企业的灵魂，优秀的企业文化能够打造企业的核心竞争力，营造良好的企业环境，增强员工的归属感，形成凝聚力、向心力和约束力，是企业发展不可或缺的精神力量。我们中铁建设经历三十多年的风雨，取得令人瞩目的成就，正是来源于这样一种强大的精神力量的支撑。

女：回首过去的十年，是值得庆祝的十年。营业收入从2006年的37.9亿到2016年的343亿；经营承揽额从2006年的47亿到2016年的612亿；利润从2006年的0.8亿到2016年的8.5亿；在文化的沃土上，中铁建设人用智慧和汗水收获了丰硕的果实，我们用九年，再造了十个中铁建设。今天，就让我们跟随着道德传播志愿者，一起去感受中铁建设企业文化的磅礴力量。

男：首先请全体起立，让我们共同唱响《公民道德歌》和《铁道兵志在四方》（主持人一起唱）

男：感谢大家嘹亮的歌声，更要感谢前排这些身着军装的铁道兵战士们动情的演唱。熟悉的旋律响起的时候我看到他们许多人的眼中都泛起炙热的泪花，岁月虽然在他们的头上增添了一抹亮白，但是，他们为中铁建设奉献的精气神却变得愈加顽强。老兵们有的已经退休，有的依旧活跃在工地一线。戎装虽褪志常在，铁兵精神永长青。让我们用掌声向他们致敬。

女：谢谢，谢谢这些老兵们用自己的青春和勇气为我们铺就的企业基石，他们身上体现出的“逢山开路、遇水架桥”的铁军精神便是我们企业文化的脊梁。从中国人民解放军铁道兵独立建筑团到铁道部工程指挥部建筑工程处、北京中铁建筑工程公司、北京中铁建设有限公司，再到如今的中铁建设，中铁建设几代人传承铁道兵“风餐露宿、沐雨栉风”的精神，凭着“特别能吃苦、特别能战斗”的意志，不畏艰险、勇攀高峰，用汗水铸就了如今的辉煌。时代在变，精神却是永恒的，如今我们践行四大文化理念无一不是铁军精神的延续和创新。

男：是啊，说到企业的四大文化理念，首先就是“以人文本，打造受尊敬、有尊严企业”的发展理念。基于这一发展理念，在过去的十年里，集团工会救助了3378户的困难职工家庭，帮扶了133户的困难职工子女和709人次的患病职工，让一位位中铁建设员工拥有了更多幸福感和归属感。

女：根植于企业“四大”文化理念的熏陶，中铁建设涌现出了一批又一批心系职工福祉、服务发展大局的干部职工。北京分公司的亢永便是其中之一，在项目管理过程中，他很好地践行了中铁建设的发展理念。

…………

下面让我们一起进入第二个环节《学模范》。一起去听听亢永的故事。

…………（讲述《北分亢永的故事》）

男：感谢亢永生动的讲述，“赢得尊重，获得尊严”，凭着这种理念，“奥体南区2号地A座”扭亏为盈，拿下了北京市结构长城杯金杯，为公司的丰碑榜上又添了一抹亮色。为了更加生动地展现我们中铁建设的发展理念，以及近年来所取得的辉煌成就，我们精心设计了一组沙画，请大家欣赏。

…………（表演《沙画》）

男：人才兴，则企业兴。人才是企业发展的动力之源，我们中铁建设向来注重人才的培养，提出了“人格、勇气、能力三位一体”的人才理念，并在企业的各项管理工作中落实。近三年来公司平均每年培训1000场以上，参培人员平均每年达35000人次，培训满意度在96%以上。通过加强培训学习，我们的一级注册建造师持有人员由2014年的375人增加到现在（2016年）的723人，增幅为92.8%。

女：事实上，在我们中铁建设的发展过程中，有很多兼具人格、勇气和能力的优秀人才，他们将企业荣誉视为使命，将工程建设作为己任，克服了很多常人无法想象的困难，为企业发展和祖国建设做着贡献。为中铁建设荣誉而战，我们必将坚不可摧，战无不胜。

…………

下面有请基础设施事业部的李宏伟为大家讲述那些发生在站房建设过程中的故事。

…………（讲述《为中铁建设荣誉而战》）

男：感谢李总精彩的讲述，“为中铁建设荣誉而战”听着就透着一股令人血脉偾张的豪迈。当然，中铁建设在面对重点、难点工程的时候体现出了无与伦比的勇气，其实在一个个组成中铁建设庞大身躯的项目细胞中，也上演着一幕幕充满了勇敢、坚毅、正直、敬业的小故事。接下来请您欣赏相声《群英集萃》。

…………（表演相声《群英集萃》）

女：感谢道德传播志愿者们的精彩演绎，仿佛带领我们回到了那熟悉的施工现场，谢谢你们。近年来，中铁建设愈加强调管理的重要性，在施工现场，我们可以看到这样一条标语“没有亏损的项目，只有亏损的管理”；在各级机关，我们可以看到这样一幅书法“管理是一种实践，其本质不在于‘知’而在于‘行’，其验证不在于逻辑而在于结果，其唯一权威就是成就”。我们常说“世界上没有不好的组织，只有不好的领导”，正是不断通过管理创新，提高企业标准化、精细化管理水平，助推了企业跨越式的发展，市场开拓也不断取得新突破。

2015年，我们承揽并施工了马来西亚四季酒店，这是中国铁建系统内承建的第一高楼，建筑高达342.5米。项目团队践行中铁建设的管理理念，结合当地工程管理需要，摸索出适合当地市场的工程管理体系和方法，攻克多项技术难题，创造了4天施工一层的“当地新速度”，良好地展示了中铁建设在超高层领域施工的技术实力和管理能力。

…………

下面请听基础设施事业部的张雅娟为大家讲述马来西亚四季酒店项目团队的故事。

《新高度、新地标》（主持人一起上）

男：“万丈高楼平地起”，可以说我们的企业在吉隆坡向全世界树立起了一座342.5米的广告牌。海外的同事们，辛苦了！最近啊，要说最火的地方，莫过于河北省的雄安新区了，以习近平同志为核心的党中央以无与伦比的眼界和气魄，以京津冀协同发展为依托提出了规划建设雄安新区的重大决策，燕赵大地上，又一个春天的故事正在拉开帷幕。

女：没错，作为参与国家建设的主力军，中国铁建第一时间召开党委常委会和中心组学习会传达中央精神、部署有关工作，中铁建设也必将在股份公司的领导下，坚定“四个意识”，撸起袖子加油干，站在“千年大计、国家大事”的战略高度投身雄安建设的宏伟浪潮中去，履行自己身为央企的责任与担当。

男：说得好！当然，打铁还需自身硬。翱翔天际的风筝离不开牵引的绳线，企业的大发展、大跨越也离不开清正廉洁的底线。近年来，从党中央到我们的企业，愈加重视意识形态工作，从当初的打虎拍蝇、铁腕反腐，到开展“两学一做”提升“四个意识”，广大党员领导干部的规矩意识和担当精神不断强化，企业环境也更为风清气正，逐步形成“不能腐、不敢腐、不想腐”的廉洁态势。

女：2007年以来，中铁建设各单位共开展了廉洁教育3121场次，参与人员91303人次。“人正、事正、风正”的良好风气在中铁建设蔚然成风。

接下来让我们一起欣赏情景剧《送礼》，看看故事中的主人公是如何抵制拉拢腐蚀，保持一身正气的。

…………（小品《送礼》）

男：感谢精彩的表演，我们听到现场不断爆发出阵阵的笑声！轻松的故事蕴含着深刻的道理，正如电视剧《人民的名义》里的角色蔡成功那样，不送礼就办不成事？这样的错误思想，需要我们每一个人摒弃。自2013年以来，紧随国家"一带一路"的战略方针和股份公司"走出去"的战略步伐，中铁建设先后将市场拓展到澳大利亚、巴新、马来西亚、俄罗斯等国家，取得了令人瞩目的成绩。成绩的取得离不开高效集中的管理理念，中铁建设实施的"六个集中"，将涉及资金、物资、劳务、合同、核算算量等重要环节的业务流程进行梳理、权力进行集中，从根本上杜绝滥用职权。同时，加大惩治力度，发现问题，严肃处理。2007年以来，集团共立案16件，给予党纪政纪处分19人，组织处理133人，经济处罚523万元，真正打造思想引领、制度约束、处罚警醒三位一体的惩防体系。下面请听相声《走出去》，看看我们的同事们在开拓海外市场的过程中又会面临哪些风险和诱惑，一起来欣赏，有请。

…………（表演相声《走出去》）

女：感谢志愿者精彩的演绎，相声里的主人公最后以高墙大院中的结局给自己的职业生涯画上了句点。这不禁让我们深思和引以为戒，在廉洁的问题上，绝对没有后悔药可买。我们应当踏踏实实地干事创业，去实现我们人生的价值。

接下来让我们进入第三个环节诵读经典。

…………

女：我们可以看到已经完成的这两幅书法，真的是沁人心脾，意味深远。书法上的这两句话曾被习近平总书记引用，习总书记指出：中华文化源远流长，有其独特的价值体系，中华优秀的传统文化已逐渐根植于中国人的内心，潜移默化地影响着中国人的思想方式和行为方式。今天我们诵经典环节所展示的太极、书法、琵琶乐和文言文形式的铁建文化赋无一不是中华传统文化的精美展现，希望大家能传承文化，铭记经典。下面让我们进入第四个环节，发善心。首先有请中铁建设党委书记、董事长汪文忠先生讲话。

…………

男：下面有请股份公司宣传部长刘树山讲话。

…………

女：下面请股份公司工会主席讲话。

…………

男：感谢史主席的发言，史主席的讲话给予了中铁建设莫大的鼓励，我们一定会内化于心、外化于行。感谢股份公司各级领导以及所有的合作单位对中铁建设的大力支持和帮助，中铁建设会打造经营好道德讲堂品牌，以文化人、鼓足干劲，为党的十九大的胜利召开和企业的飞腾发展提供源源不竭的正能量。今天，我们为大家准备了精美的礼品，是一枚枚印着我们中铁建设精品工程的邮票，下面请道德传播志愿者们将邮票递送给现场的每一位来宾，有请。（发邮票需要时间，等待5秒后说后面的词）

女：邮票上的每一个精品工程背后都凝结着我们无数员工的汗水和智慧，是我们优秀企业文化的生动注脚，更是我们伟大祖国建设的一个个里程碑，希望大家在看到这些邮票的时候能够感受到我们祖国日新月异的变化，坚定对未来的信心，取得人生的辉煌成就。

男：我们本期道德讲堂到这里就全部结束了，我们下期再会！

四、图片资料

唱歌曲环节《公民道德歌》

唱歌曲环节《铁道兵志在四方》

开场舞《光荣的建设者》

现场观众与铁道兵齐唱《公民道德歌》《铁道兵志在四方》

股份公司工会主席作重要讲话

股份公司宣传部部长发表讲话

时任集团公司党委书记汪文忠书记发表讲话（现任中国铁建党委常委、副总裁）

相声剧《群英集萃》

相声《走出去》

小品《送礼》

五、要点解读与领导讲话

2017年4月25日，中铁建设第118期道德讲堂隆重开讲。中国建筑业协会会长王铁宏，中国铁建时任工会主席史道泉，党委宣传部（企业文化部）部长刘树山，中铁建设时任党委书记、董事长汪文忠等在京领导班子成员与近500名来自集团各个岗位的员工一同参与活动。

本期道德讲堂以“以文化人”为主题，由中铁建设党委主办、团委承办，汇聚了中央电视台、新华社、人民网、经济日报、光明日报、工人日报、中国建设报、人民铁道报的媒体记者等中国主流媒体，是中铁建设开办活动以来规模最大的一期。

史道泉主席在讲话中对这期道德讲堂取得圆满成功表示祝贺，向为这期讲堂付出辛劳和智慧的创作人员、演出人员致以衷心的感谢，并为中铁建设道德讲堂更好地开展指明了方向。

刘树山部长讲话时高度赞扬了中铁建设近年来的发展，他表示，要将中铁建设道德讲堂所展现出来的寓教于乐的宣传效果、愚公移山的民族精神、春风化雨的人文精神在中国铁建系统内外传播。

汪文忠书记做了深情表达了今日活动的所看所想，并强调，道德讲堂作为中铁建设企业文化建设的品牌工程，覆盖面大、受众面广、感染力强，为企业提供了源源不断的正能量。中铁建设将持续以道德讲堂为载体，自觉弘扬中华民族传统美德，传承铁道兵精神，融入“四大文化理念”等创新因素，为做强做优做大企业奠定更为深厚的文化基础，在实现中国铁建“十三五”规划中再立新功，以优异的成绩迎接党的十九大胜利召开。

作为中国铁建系统内率先开办道德讲堂的单位，2013年以来，中铁建设道德讲堂累计受众上万人次，参与道德传播的志愿者达1000多人次，覆盖集团各个岗位人群，吸引了客户、员工家属、退休老职工等参与其中。该活动不流于形式，常办常新，成为代表中铁建设企业文化的“最强音”。

活动开场用一部讲述中铁建设十年间发展与成就的短片和一场充满青春活

力的开场舞点燃了现场观众的热情。来自中铁建设不同岗位的44位老铁道兵，身着军装观看此次道德讲堂，并与观众同唱《公民道德歌》和《铁道兵志在四方》，歌声嘹亮，慷慨激昂。

最受欢迎的学模范环节，北京公司亢永讲述了他如何用汗水与努力在与甲方合作中，践行集团“以人为本，打造受尊敬、有尊严企业”的发展理念的故事。

基础设施事业部李宏伟则通过在厦门北站、哈尔滨西站、贵阳北站攻坚克难、为中铁建设荣誉而战的奋斗故事诠释了中铁建设“人才、勇气、能力”三位一体的人才理念。

道德传播志愿者张雅娟讲述了马来西亚四季酒店项目团队如何在当地创造马来西亚施工速度、中国铁建新高度的故事，表达了中铁建设“注重实践、注重结果、注重领导作用”的管理理念。

《群英集萃》《送礼》《走出去》相声剧和小品则以活泼幽默、诙谐生动的故事再现了中铁建设各岗位员工身边的故事，展现了中铁建设“堂堂正正做人、规规矩矩做事、清清白白从业”的廉洁理念。

在“诵经典”环节，道德传播志愿者冯寅伴随着悠扬的琵琶声与行云流水的太极功夫，慷慨激昂的诵读出文言版的《铁建赋》“美哉我铁建文化，盛世流芳！壮哉我铁建儿郎，再创辉煌！”随后，志愿者冉崇华、周本林与冯芸、王帅共同举起刚刚挥毫写成的八个苍劲有力的大字“以德润心、以文化人”，台下观众不约而同发出轻声赞叹，并拿起手机拍下了这春风化雨的一幕。

中铁建设以文强企、文化养企，以道德讲堂为品牌工程的一系列企业文化活动充实、熏陶了企业员工的精神。近年来，先后荣获首都文明单位、全国文明单位、中央企业先进集体、中国企业文化竞争力十强、新中国60年全国企业精神60佳、全国企业党建工作先进单位、全国优秀施工企业等国家级大奖。

中国建筑业协会信息传媒中心主任王承玮，建筑史志与企业文化分会秘书长李国彦，中国铁建党委宣传部（企业文化部）副部长钱东锋，工会工作部副部长李智伟，党委宣传部付玉忠参加了本次活动。

第一百二十二讲　安心筑梦

一、策划方案

（一）活动时间：2017年10月12日。

（二）活动地点：北京分公司京燕饭店项目部。

（三）参加人员：国资委中央企业团工委书记巴清宏，北京市安监局党组书记、局长张树森及宣传教育中心、机关团委相关领导，股份公司副总裁刘汝臣、副总裁汪文忠及股份公司安质部、团委相关领导，以及公司职工。

（四）活动背景：为了深入贯彻落实重点中央在京企业青年安全生产示范岗、安全文化示范企业等安全生产典型创建工作座谈会会议精神，促进中铁建设与北京市安全生产监督管理局的交流，进一步加强中铁建设安全文化建设，充分发挥安全工作保驾护航的重要作用，中铁建设拟定于9月底，邀请北京市安监局共同举办道德讲堂，开展交流活动。

（五）节目设置：观众进场时领取节目单。节目单背面印有《公民道德歌》《铁道兵志在四方》两首歌曲的歌词。

1. 唱歌曲

全体合唱《公民道德歌》《铁道兵志在四方》。

2. 学模范

讲故事《保护钢铁侠》：讲述了企业重机械安全专家陈吉申从业20年专注于重机械安全工作善于攻坚克难并勇于创新安全管理方法，为企业做出卓越贡献。

讲故事《刀尖上的舞者》：讲述了基础设施事业部副总经理、安全总监戎建军的故事。戎建军在负责昆明南站与柳州站高难度吊装任务时，身体力行，坚持奋斗在工程的第一线，面对高难度任务从未有过退缩，积极探索、研讨，坚持攻坚克难，保质保量地完成了任务，为企业发展做出了巨大贡献。

情景剧《安全帽下的青春》：展现了青龙湖项目两位安全员对待工作认真负责的职业态度，以及青龙湖项目对于绿色生产的决心。在情景剧最后，项目经理因两名安全员努力工作创造了好的成绩，为企业做出来卓越贡献，特批两位安全员放假休息，也体现了公司对于员工的人文关怀。

相声《说说安全》：以反讽的言语，风趣的表现了廉洁的重要性。并举了“刘总”不重视安全生产、收受贿赂，十八大以后仍不知收敛，遭到严厉惩处的例子起到了警醒作用，体现了集团对于反腐倡廉、安全生产的重视。

3. 诵经典

主题：明者远见于未萌，智者避危于无形。

表述企业秉承“以人为本预控风险遵章施工持久安康”的安全方针，坚持学习习总书记安全生产重要论述，并举行到“两学一做”活动，表现了集团积极开展“一岗双责”活动，并认真学习《安全生产法》的态度，并强调了集团对于狠抓党风廉政建设，把反腐倡廉的决心。

4. 发善心

安监之星北京榜样王维君，工人以及青年安全员均表达了自身对于安全生产的决心与态度。

5. 送吉祥

发放道德讲堂纪念品。

二、节目单

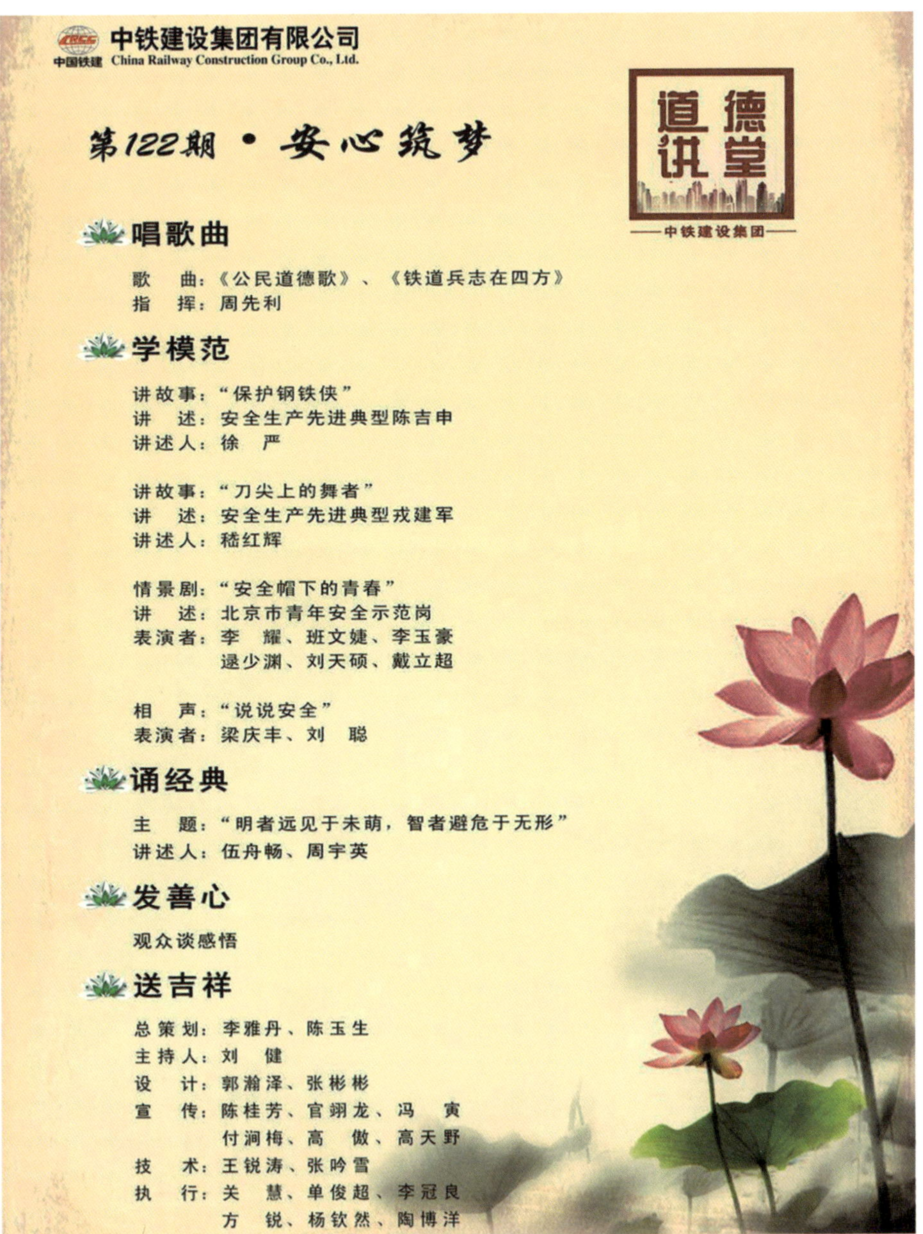
中铁建设集团有限公司
China Railway Construction Group Co., Ltd.

第122期·安心筑梦

道德讲堂
中铁建设集团

唱歌曲

歌　曲：《公民道德歌》、《铁道兵志在四方》
指　挥：周先利

学模范

讲故事："保护钢铁侠"
讲　述：安全生产先进典型陈吉申
讲述人：徐　严

讲故事："刀尖上的舞者"
讲　述：安全生产先进典型戎建军
讲述人：嵇红辉

情景剧："安全帽下的青春"
讲　述：北京市青年安全示范岗
表演者：李　耀、班文婕、李玉豪
　　　　逯少渊、刘天硕、戴立超

相　声："说说安全"
表演者：梁庆丰、刘　聪

诵经典

主　题："明者远见于未萌，智者避危于无形"
讲述人：伍舟畅、周宇英

发善心

观众谈感悟

送吉祥

总策划：李雅丹、陈玉生
主持人：刘　健
设　计：郭瀚泽、张彬彬
宣　传：陈桂芳、官翊龙、冯　寅
　　　　付涧梅、高　傲、高天野
技　术：王锐涛、张吟雪
执　行：关　慧、单俊超、李冠良
　　　　方　锐、杨钦然、陶博洋

三、主持词

尊敬的各位领导、各位来宾、亲爱的工友们：

大家下午好！

欢迎来到中铁建设道德讲堂的活动现场。道德讲堂，讲述身边的道德故事，分享身边的道德感悟。我是道德传播志愿者刘健。

本期道德讲堂的主题为“安心筑梦”。自古以来，“平安”是人与生俱来的追求。“安全第一”是对人，最基本的道德情感关怀，是对人，生存权利的尊重，它体现了生命至上的道德法则。

中铁建设作为中国铁建股份有限公司的核心成员企业之一，始终把安全工作摆在重中之重的位置。集团领导提出了“安全是天，质量是根”的管理理念，把安全和质量看作是企业发展的根基与命脉。近年来，随着集团经营规模的急剧扩张，大批的应届毕业生进入集团工作，这些年轻人在集团安全文化的感召下，在集团团委的组织下，积极响应共青团中央创建“青年安全生产示范岗”活动，争当安全标兵，为中铁建设安全管理工作注入了新的活力。多年来，在各级政府机关的殷切关怀下，在股份公司的大力支持下，在中铁建设“双百方针”的指引下，中铁建设全体员工同心同德，同策同力，在安全管理方面取得了诸多佳绩：

2008、2009、2012—2016年，累计7次，连续5次被北京市建设委员会授予“安全生产管理先进单位”；

2014年被北京市安监局授予“安全文化建设示范企业”；

1998、2003—2016年累计15次，连续14次被股份公司评为“安全生产先进单位”；

2017年中铁建设北京分公司获得了四项“青年安全生产示范岗”的荣誉。

在这一连串成绩的背后，是中铁建设安全管理队伍每一位成员的辛勤付出与无私奉献。

今天我就将带领大家，走近这些可亲、可敬又可爱的人。

本次道德讲堂共设5个环节，分别是：唱歌曲，学模范，诵经典，发善心和送吉祥。

首先，我们进入第一个环节：唱歌曲。

…………

下面，有请来中铁建设道德传播志愿者周先利，带领大家共同唱起《公民道德歌》和《铁道兵志在四方》。请全体起立！

…………

大家请坐。感谢我们的志愿者。

《铁道名志在四方》这首歌是铁道明的心灵之歌，从1962年发表至今，已经传唱了五十余载而经久不衰，如今已经成为中铁建设的企业歌曲。今天，我们就邀请农民工兄弟与我们一同唱起这首歌，你们嘹亮的歌声是对铁道兵精神最好的诠释。

…………

下面，进入第二个环节：学模范。

…………

近几年，中铁建设积极响应共青团中央、国家安监总局号召，组织开展了创建“青年安全生产示范岗”活动。活动中涌现出一批吃苦耐劳，敢打敢拼，作风优良的青年安全工作者。他们用自己的青春与热血谱写着中铁建设安全生产管理的新篇章。

…………

下面，有请来自北京分公司的道德传播志愿者班文婕等人，带我们走近并认识这样一支朝气蓬勃的青年安全管理队伍。

…………

感谢他们的精彩表演，一群多么可爱的年轻人啊，在他们身上，我们分明看到了老铁道兵精神的传承与发扬。老铁们那一股逢山开路，遇水架桥，铁道兵面前无险阻的精神，被这群90后在新的时代赋予了新的定义。他们让人们看到，铁道兵精神不但没有丢，反而在新的时代散发着更加耀眼的光芒。

在基础设施事业部，有这样一位安全管理岗位上的老兵，他为人低调，做事严谨，待人和善，大家都亲切地称他为“老戎”。老戎几十年如一日，走南闯北，哪里施工任务急难险重，哪里就能看到他的身影。他就是基础设施事业部副总经理、安全总监戎建军。

…………

下面，就有请来自基础设施事业部的嵇红辉带我们认识这位“刀尖上的舞者”。

…………

感谢嵇红辉的讲述。戎建军只是中铁建设众多安全管理人员的缩影与代表。他们在平凡的岗位上发挥着不平凡的作用。他们用双腿丈量施工现场的每一寸土地，用双眼监测着每一个可能存在安全隐患的施工细节。让我们把最热烈的掌声送给这群幕后英雄们！

…………

祖国的建设事业需要也欢迎广大人民群众参与其中，但这参与啊也讲究个方式方法，方式方法不对，不但不会对建设事业有帮助，反而会自酿苦果。不信啊，您看下面这一位。

…………

感谢来自华北分公司的梁庆丰和刘聪的精彩表演。

首先，我想请问各位，当您走入施工现场的时候，首先映入眼帘的是什么施工设备？对，没错，就是塔吊。塔吊是施工工地最常用到的起重机械，他高大威猛的形象，几乎已经成了建筑行业的“形象代言人”。由于特种设备和特种作业管理的专业性、特殊性，以及塔吊作业一旦发生意外，极容易造成较大级别以上安全事故的特性。因此，塔吊管理一直都是项目管理中的重点、难点。在中铁建设有一位起重机械安全专家，他就是超高层事业部的副总经理陈吉申，无论起重机械出现什么样的故障、状况，随着陈总的到来，都将迎刃而解。

…………

下面就有请来自设计院的道德传播志愿者徐严为我们能讲述陈总“保护钢铁侠”的故事。

…………

感谢徐严的精彩讲述。

平安是火，点燃我们的生命之灯!平安是灯，照亮我们的生命之路!平安是路，引导着生命走向新的辉煌!

…………

下面进行第三个环节：诵经典。有请来自物资分公司的道德传播志愿者伍舟畅、周宇英，带领大家重温中华古典。在古人的智慧和积淀中，体味安全的力量!

…………

感谢伍舟畅和周宇英的精彩解读。下面，我们进行第四个环节：发善心。

…………

通过以上几位的精彩讲述与表演以及先贤的名言警句，相信大家都有不小的收获和感悟。此刻，我想听一听在座的各位对于安全生产和安全管理工作有怎样的理解和感想。

首先，我要为大家介绍我身边的这一位，北京分公司总经理助理，安全环保部部长王维军。最近，王部长有了一个新的身份，在由北京市安监局和首都文明办联合组织开展的“2017安监之星–北京榜样”主题活动中，王部长被评选为“九月榜样人物”。

…………

下面，我们通过一个短片来走进这位安监之星的心路历程。

现在进入最后一个环节——送吉祥。

…………

活动的最后，我们为大家准备了一份精美的纪念品，是一把小手电，上面印有我们中铁建设的logo，您可以自己使用也可以把它送给您的家人或朋友，表达心意的同时也传递一份“安全理念”。希望它可以在您的下班途中，收工回营地路上给您一份安心与踏实，为您照亮回家之路。友情我们的志愿者发放到在座的各位手中。

安全工作贵在坚持，重在普及。保证施工安全，不仅是对职工个人生存权利的尊重，也是一个家庭幸福和睦的源泉，更是一个企业不断向前发展的强力保障。让安全的警钟时常激荡在我们耳畔，让我们共同努力，创造安全文明，和谐稳定的施工环境，用优异的工作业绩迎接党的十九大胜利召开！

本期道德讲堂到此结束，感谢大家的热情参与！我们下期再见！

四、图片资料

股份公司领导关切工程进度

主持人开场

在场人员齐唱《公民道德歌》和《铁道兵志在四方》

发善心环节，在场人员谈感受

与会领导嘉宾合影留念

五、要点说明与效果展示

2017年，10月12日，在党的十九大召开前夕，中铁建设成功举办“安心筑梦”观摩交流暨第122期道德讲堂。

北京市安全监管局党组书记、局长张树森，副局长阎军，共青团中央青年发展部副部长施锦华，石景山区副区长肖平，国资委中央企业团工委办公室副主任宛利等政府部门领导和相关人员观摩交流。中国铁建党委常委、副总裁刘汝臣、汪文忠等中国铁建相关领导和部门负责人，中国铁建电气化局董事长郑斌、党委书记冯学彬、总经理万传军等相关单位领导出席。中铁建设董事长、党委书记赵伟，副总经理、安全总监吴永红，党委副书记王宏斌等中铁建设领导参加本次活动。集团总部相关部门负责人，北京公司、建筑科技公司等相关领导与项目一线员工，以及80余名劳务工友共150余人参加此次活动。

他们用一场寓教于乐的安全主题活动，为喜迎党的十九大胜利召开擦出了正能量的火花。

作为全国文明单位，中铁建设的道德传播志愿者们深入基层，来到所承建的北京京燕饭店项目部，按照唱歌曲、学模范、诵经典等规定环节，讲述了安全管理方面动人的故事。

来自基层劳务工人李向阳看完节目后说，“我们每天在工地上班，家人最牵挂的就是我们的安全，在中铁建设这样安全管理规范的企业工作，不仅我自己干得舒心，我的家人也能够安心。”

荣获“2017安监之星·北京榜样”九月榜样人物北京公司安全环保部部长王维军在谈自身感受的同时发起号召:“我们要用安全生产零事故为党的‘十九大’的胜利召开保驾护航！”博得大家认同的掌声。

四年前，中铁建设率先在中国铁建系统开展的道德讲堂，员工有了自己的道德传播聚集地。四年过去了，活动不断纵向发展，在众多基层项目广泛举办,122期，受众超过4万人次。中铁建设将青年文明号、青年安全生产示范岗、青年突击队等青字号品牌活动融入其中，节目由青年员工独立创作，既展现职工风采又接地气，受到了当地政府街道、派出所、甲方监理、新闻媒体等许多外部单位的认可。目前，这项中铁建设党建特色品牌工程，有效助推了党团工作的各项任务，也促进了的企业各项文化建设，构筑了企业精神文化高楼。

第一百二十四讲　初心

一、策划方案

（一）活动时间：2018年1月23日。

（二）活动地点：中铁建设大厦3层报告厅。

（三）参加人员：外部媒体、合作单位、股份公司领导、中铁建设领导和职工等。

（四）活动背景：在举国上下喜迎我们中国共产党第十九次全国代表大会召开的喜悦时刻，为了全面贯彻落实党的十九大精神，提升员工道德素质，促进公司全面发展，中铁建设迅速掀起宣贯热潮，结合企业自身文化及发展，举行以“十九大”精神为主线的道德讲堂，本次道德讲堂主题为“初心”。

（五）节目设置：

1. 开场（民族舞）

《盛世华章》。

2. 唱歌曲

齐唱《公民道德歌》《铁道兵志在四方》。

3. 学模范

讲故事《以梦为马不负芳华》：讲述企业员工李宏伟同志辗转厦门西站、哈尔滨西站、贵阳北站以及柳州站多个站房项目，每一个项目都存在很多的挑战，李宏伟同志勇于面对这些挑战调整，积极调整，开拓创新，将一个个难题击破，为企业做出巨大贡献的经历。

讲故事《我的初心我的爱》：企业员工崔丽娟身为老铁道兵的后代，继承了父亲老铁道兵“逢山开路遇水架桥”的精神，不畏艰辛，为企业无私奉献，在企业7年时间，在努力付出后收获了诸多荣誉外，还收获了自己的爱情与家庭，虽因工作性质原因，经常漂泊，但这并没有影响这对夫妻的感情，为了共同的理想他们仍在共同努力。

情景剧《我的十九大》。

4. 诵经典

（1）歌舞剧《不忘初心》；

（2）重温入党誓词。

5. 发善心

（1）现场直播采访互动，播放弹幕；

（2）抽奖30名。

6. 送吉祥

发放十九大报告字帖。

道德讲堂十九大报告字帖

7. 本期《道德讲堂》全程进行网络直播

二、节目单

第124期 • 初心

开场舞

鼓　舞：《盛世华章》
表演者：戴立超　刘煜松　胡亚鹏　梁　骁　高俊群　黄旭东　白　瑞
逯少渊　周京精　林昕丽　杨雪萍　宋昀霖　闫俊竹　张芳芳

唱歌曲

歌　曲：《公民道德歌》、《铁道兵志在四方》
指　挥：苏　杉

学模范

故　事：《以梦为马　不负芳华》
讲述人：景　森
故　事：《我的初心我的爱》
讲述人：崔丽娟
情景剧：《我的十九大》
编　导：李　伟　方　锐　李　戈　李冠良
表演者：张　昊　戴文宇　葛兆闯　张英淇　李　玥

诵经典

歌舞剧：《不忘初心》
表演者：郝　笑　祁亚飞　连　萌　封颖华　肖莉莉　刘婧文　张　蓉

主　题：《重温入党誓词》
领誓人：李　奔
表演者：李　伟　张彬彬　苏　杉　方　锐　刘　健　张吟雪　叶　旺
李佳佳　张玉涛　周宇英　延　航

发善心

观众谈感悟

送吉祥

总策划：李雅丹　李　奔
主持人：田方方　徐　严　郭　薇　顾　朕
文　字：周宇英　李　戈　苏闽晋　冯　寅　付涧梅
技　术：官翊龙　朱江浩　张　铮　陶博洋　张吟雪　张彬彬
执　行：王晓雨　郭翰泽　方书宇　王奎旭　文云峰

三、主持词

顾联（主持人）：活动即将开始，请大家尽快就座！将手机调成静音或震动状态。现场观众请扫描桌面节目单和屏幕上的二维码签到，我们期待您的热情参与。

郭薇（主持人）：现在我们可以看到已经有500人参与了我们的扫码签到，今天我们道德讲堂将会在现场参与扫码签到的观众中抽取幸运观众30名，场外答题幸运观众100名。谁能够成为今晚的幸运观众呢？让我们拭目以待。

…………

徐严（主持人）：尊敬的各位领导；

田方方（主持人）：亲爱的同事们；

合：大家下午好！

徐：欢迎大家来到道德讲堂的现场。道德讲堂，讲述身边的道德故事、分享身边的道德感悟。让我们重温铁军文化，沐浴道德荣光。我是道德传播志愿者徐严。

田：我是道德传播志愿者田方方。

徐：2017年，中铁建设道德讲堂喜获中国铁建首届“十大品牌”。中国铁建组委会为中铁建设道德讲堂授予奖杯，并致颁奖辞“4年坚守承诺，百期不改初衷”。

田：道德讲堂四年来共举办123期，讲述故事366个，完成演绎465次，共1970名志愿者，23800名受众参与，170000次媒介传播。它传承“铁道兵精神”，传递中国铁建“好声音”。凝人心聚共识，广泛传播党的政治主张，引导青年听党话，跟党走，是道德讲堂的核心使命，也是我们创办伊始的初衷。

徐：我们本期道德讲堂的主题是“初心”。“不忘初心”最早出自《华严经》中的“不忘初心，方得始终”，在十九大报告中，习总书记提出的“不忘初心，牢记使命”赋予了它新的时代意义与色彩。

田：从离开西柏坡时，喊出“进京赶考”，我们要为人民交出一份满意的答卷，到十九大报告中“为中国人民谋幸福，为中华民族谋复兴”，中国共产党始终把人民的利益放在心头。同样的，中铁建设从“三不让”帮扶承诺的落实到2017年新领导班子调整到位，提出了“三大目标”，中铁建设始终把职工利益放在首位，让全体职工拥有更多的归属感、获得感和幸福感。

徐：2017年，我们完成了国家级企业技术中心的申报。集团新签合同额首次突破800亿元，完成了股份公司“冲高线”的目标。本着“诚信，创新永恒，精品，人品同在”的初心，每一位铁建人将企业荣誉视为使命。心中有初心，人生才有使命。

田：2018年，我们勾勒新路径，绘就新蓝图，走出新天地。中铁建设道德讲堂也开启了新模式，在本次活动中我们将进行首次全程直播，与观众进行实时互动。

徐：您有什么想说的，可以通过直播平台给我们发送留言，我们的大屏幕会实时上传互动情况。

田：只要您参与了我们的互动，就有机会获得我们为您精心准备的一份特别的礼物。下面，我们进入第一个环节，唱歌曲。

徐：有请道德传播志愿者苏杉。请全体起立，让我们共同唱响《公民道德歌》和《铁道兵志在四方》。

…………

田：大家请坐，春风化雨润心田，一言一语总关情。一首悠扬却不失力量的公民道德歌，犹如春风化雨，悄然传播着道德正能量。

徐：雄关漫道真如铁，而今迈步从头越。铁道兵志在四方句句铿锵，掷地有声，唱出了铁道兵的满腔热忱，更唱出了铁建人的赤诚与热爱。

田：中铁建设几代人传承铁道兵“风餐露宿，沐雨栉风”的精神。凭着特别能吃苦，特别能战斗的意志，不畏艰险，勇攀高峰，用汗水铸就了如今的辉煌。

徐：辉煌的取得离不开每一位铁建人的努力奋斗。在2017年，我们的队伍中又涌现出一批模范人物，他们身处不同的城市，不同的项目，不同的岗位，但他们都有一个共同的名字，铁建人。

田：下面让我们一起进入今天的第二个环节，学模范。首先有请道德传播志愿者景森，为我们讲述《以梦为马不负芳华》。

…………

徐：从景森的精彩讲述，我们可以感受到李宏伟凭着“化整为零、见缝插针”，凭着“用空间换时间，向管理要效益”的新理念，坚持不懈，努力奋斗，把梦想变为现实，把生活变得更好。接下来这位道德传播志愿者的故事在坚韧中多了一份柔情，在坚守中多了一份挚爱。下面，有请道德传播志愿者崔丽娟带来《我的初心我的爱》。

…………

田：丽娟的故事，讲述了两代铁建人对初心的坚守。款款深情，浓浓爱意，无不在构建着我们的铁建梦；无不在诠释着，我们铁建人，舍小为大的家国情怀。在这里，我们要向所有为中铁建设发展做出贡献的老同志，老前辈表达我们最由衷的敬意。我们的掌声不仅要给所有奋斗在工作岗位上的铁建人，还要给他们背后那个默默无闻的另一半。

…………

下面，我们将道德传播的接力棒，交给两位青春靓丽的道德传播志愿者，他们是郭薇和顾朕，掌声有请！

…………

顾：好，我们已经准备好了。首先看一下直播平台的互动情况，目前观看场外直播的观众有5000人，收到弹幕2500条。这是实时大数据，同时这个数字也在持续增长。道德讲堂直播到现在了，我觉得光说谢谢恐怕是不够吧，咱们得来点儿实在的。

郭：说得没错儿，从现在开始我们将在每个节目后面增加抽奖环节，首先，由我为大家介绍抽奖规则，本期道德讲堂共设置一等奖5名、二等奖10名、三等奖15名、幸运奖100名。其中一、二、三等奖从现场签到观众中产生，幸运奖从扫码参加集团十九大知识竞赛并获得满分的观众中产生。我们场外抽奖是在后台和场内抽奖同时进行。亲爱的朋友们，请睁大你的双眼，紧盯屏幕，咱们抽奖马上开始！

顾：别着急，先让我们看一下幸运大奖都有些什么?

三等奖福鹿娃，形象本身是一只能够带来福运的鹿娃，又喻指其能打造幸福之路。

二等奖初心充电宝，让初心给予我们前行的动力。

一等奖图书，让我们多读书，读好书。

郭：话不多说，下面邀请我们的抽奖嘉宾×总为我们抽取三等奖，看看15个可爱的福鹿娃会奔向谁的怀抱。

顾：请您喊开始，随机喊停。

顾：感谢×总，您请坐。

郭：恭喜大屏幕上的15位幸运观众，他们分别是……请在活动结束后与我们的道德传播志愿者联系，领取奖品。现在让我们回到道德讲堂的舞台。

顾：中铁建设在施工总承包企业中一直有着举足轻重的地位，2017年，全年新签合同额810.07亿元，营业收入365.38亿元。2017年中铁建设人拼搏进取，不负使命，优化管理体系，践行“三个建造”在做强做优做大企业的路上屡创新高。

郭：2018年，我们要以学习宣传、贯彻落实十九大精神，习近平总书记系列讲话精神统领企业再发展。为了更好地落实学习效果，交流学习心得，部分项目开展了十九大专题学习分享会，这不，老葛他们项目马上就要开会了。

…………

下面请欣赏道德传播志愿者带来小品《我的十九大》。

…………

郭：感谢道德传播志愿者为我们带来的精彩表演，我看大家看的都挺开心，请保持你的笑容，因为我们要开始第二轮抽奖了，爱笑的人运气才不会差哦。

…………

顾：下面，邀请抽奖嘉宾×总为我们抽出第二轮的10位幸运观众。

…………

郭：请您喊开始，随时喊停。

郭：谢谢，您请坐。

顾：恭喜以下十位幸运观众，他们分别是……请在活动结束后与我们的道德传播志愿者联系，领取奖品。

郭：今天的中铁建设肩负使命，全面加强党的建设，紧紧围绕做强做优做大企业这一目标，坚持四轮驱动，实现高质量发展，培育具有全球竞争力的世界一流企业。

顾：让我们不忘初心，带着勇气，昂扬向前，不论过往如何摸石头，涉险滩，关山飞度，都让我们满怀热情，不断前行。

郭：时间的长河滚滚向前，站在新的起点，唯不忘初心者近，唯改革创新者强。

顾：因为有你，树高千尺，根深叶茂。

郭：因为有你，接力追梦，风光无限，

…………

顾：下面我们进入道德讲堂下一个环节，诵经典。请欣赏歌舞剧《不忘初心》。

…………

郭：万水千山不忘来时路，树高千尺根深在沃土。不忘初心，方得始终。还记得身体立正，面向党旗，右手高举，握拳宣誓时的激动心情吗？从此，人生有了新的方向，在党的引领下，无惧风雨，迎来新日出！

…………

顾：就让我们重温入党誓词，回到一切开始的地方，那时那刻，此时此刻，初心不改！

…………

田：感谢每一位道德志愿者！庄严的誓词，是历史的见证者，它见证了每一位共产党人的赤诚之心，更见证了每一位共产党人履行誓言的决心。不忘初心，便是这种决心的凝聚，是责任，更是使命！中铁建设党委牢记使命，不忘担当，从坚持“挺纪在前”到深化“四个着力”，从实践“四种形态”到落实“两个责任”，全面加强党建工作，深刻彰显央企使命。不忘初心，砥砺前行！

顾：观众朋友们，又到了我们的抽奖时间。郭薇，你说爱笑的人运气不会太差，我这可都笑一晚上了啊。看到大奖一个个名花有主了，我这心里是又羡慕又着急，想必大家的心情都跟我一样。

郭：着啥急啊，大奖都在后头呢。这不又到抽奖的环节了嘛，下面邀请抽奖嘉宾×总为我们抽出今晚的终极大奖。

顾：请您喊开始，随时喊停。

顾：谢谢，您请坐。

郭：恭喜以上五位幸运观众。他们分别是……截至目前，我们场内30位幸运观众和场外100位幸运观众都已经产生。场内幸运观众请在晚会结束后联系我们的道德传播志愿者领取奖品。场外100位幸运观众将由我们的道德传播志愿者通过后台与您取得联系。

顾：亲爱的朋友们，活动进行到这里，已经接近尾声了，截至目前，我们收到了来自全国各个分公司发来的弹幕，同时我们也收到了来自集团各分公司的祝福视频。下面让我们一起听听，场外的他们都说了什么？

顾：听到来自全国各地的兄弟姐妹发来对中铁建设的美好祝愿，看到他们意气风发的神采，充满决胜2018的自信。作为其中的一分子，我们在中铁建设这个大家庭中有了更多的归属感、幸福感和获得感。

郭：2018年是全面贯彻中共十九大精神的开局之年，九层之台，起于垒土，我们中铁建设人必将紧紧跟随党的步伐。全面贯彻学习党的十九大精神，不驰于空想、不骛于虚声，一步一个脚印，踏踏实实干好工作。

田：党的十九大召开以来，中铁建设党委始终把学习宣传贯彻党的十九大精神作为首要政治任务，领导班子先学一步，学深一步，切实将十九大精神的学习，当作第一堂党课，第一堂政治必修课。坚持读原著、学原文，悟原理，真正做到学懂弄通做实。

…………

徐：下面，我们进入道德讲堂最后一个环节，送吉祥。有请我们的道德传播志愿者入场，为在座的各位观众送上吉祥的礼物。

…………

顾：我们这次的礼物是十九大报告字帖。常说字如其人，希望大家通过字帖练就一手漂亮的好字，也希望字里行间十九大报告所蕴含的磅礴力量、深邃内涵，能够如灯塔一般照亮您前行的路，帮助您在实现梦想的过程中书写人生无悔的华章。

郭：回望2017，我们迎来党的十九大召开，迎来中国人民解放军建军90周年，香港回归20周年等一系列大事、喜事。

田：展望2018，我们将迎来改革开放40周年，我们要以庆祝改革开放40周年为契机，逢山开路，遇水架桥，展示铁建人真风采！

徐：让我们更加紧密的团结在以习近平同志为核心的党中央周围，凝心聚力，奋发图强，为实现两个一百年的奋斗目标，实现中华民族伟大复兴的中国梦，不忘初心，继续前进，为共同夺取全面建成小康社会决胜阶段的伟大胜利而努力奋斗。

顾：2018年是承前启后的一年；

郭：2018年是攻坚克难的一年；

田：2018年是充满希望的一年；

徐：2018年是大有作为的一年。

顾：2018，中铁建设必将聚焦新目标，落实新部署，谱写新篇章。

郭：在新春佳节来临之际，我们祝愿中铁建设立足新的起点，迈上新的征程，开创新的辉煌。祝福每一位员工生活安康；

田：工作顺利；

徐：吉祥如意；

顾：阖家幸福。本期道德讲堂到这里就要结束了。

合：我们下期再见！

顾：请各位领导上台与道德传播志愿者合影留念！

四、图片资料

开场（民族舞）《盛世华章》

故事《以梦为马，不负芳华》

情景剧《我的十九大》

歌舞剧《不忘初心》

与会人员重温入党誓词

五、要点说明与效果展示

（一）本期要点：全面贯彻落实党的十九大精神。

（二）本期效果："中铁建设道德讲堂直播很精彩""本期讲堂使十九大精神深入人心""我的初心我的爱，讲述了两代铁建人对初心的坚守，太感人了"……这是中铁建设道德讲堂直播平台上观众的弹幕评论。

2018年1月23日，以"初心"为主题的中铁建设第124期道德讲堂在总部报告厅开讲。中铁建设创新学习宣贯党的十九大精神方式，将十九大以群众喜闻乐见的表演形式，融入本期道德讲堂，并首次采用全程网络直播，实现中铁建设海内外1万余名员工共沐道德荣光。中国铁道建筑报社政文部副主任王维，中铁建设党委副书记、总经理梅洪亮，在家的集团领导班子成员以及500余名参加2017年过程管控评价大会的员工在现场参加了本期活动。

这是中铁建设2018年的第1期道德讲堂，同时也是自中铁建设荣获中国铁建首届"十大品牌"之后的首期活动。活动中，北京分公司带来的开场鼓舞

《盛世华章》，点燃全场。《公民道德歌》《铁道兵志在四方》，句句铿锵，唱出了中铁建设人的满腔热忱。演讲《以梦为马，不负芳华》，讲述了基础设施事业部副总经理李宏伟“用空间换时间、向管理要效益”，不忘初心，努力把为企业创效的梦想变为现实的精彩故事。来自西北分公司的崔丽娟，以“我的初心我的爱”为题，深情讲述发生在她家的两代铁建人为企业无私奉献的感人事迹，让现场不少观众泪流满面。机电总承包事业部演绎的情景剧《我的十九大》，以幽默诙谐的方式，生动宣贯了十九大精神。房地产公司编排的歌舞剧《不忘初心》，歌声嘹亮、舞蹈柔美，让观众备受鼓舞。活动尾声，《重温入党誓词》掀起讲堂高潮，现场500余人起立面向党旗，高举右拳，齐声重温入党誓词，形成磅礴之势，誓言响彻讲堂，深入人心。

在本期活动中，中铁建设还创新设立了十九大知识竞赛微信有奖作答、现场扫码签到抽奖环节，并首次启用直播和弹幕，使未能亲临现场参加活动的观众，与节目组实现实时互动交流。截至节目尾声，观看中铁建设道德讲堂首次直播的人数突破12000人次，发布弹幕总计突破30000条。

第一百二十七讲　相约

一、策划方案

（一）活动时间：2018年6月28日。

（二）活动地点：中铁建设大厦3层报告厅。

（三）参加人员：铁路局单位领导、股份公司领导、中铁建设领导和职工。

（四）活动背景：中国高铁已成为国家外交的“金名片”。高铁站房建设是高铁网路建设中至关重要的一部分，它是一座城市的窗口，代表着一个城市的形象，意义十分重大。

中铁建设从2008年进军铁路站房市场以来，从不会干到干得好、从干得好到创精品，管理水平不断提升，建设实力不断增强。在27条客运专线上建设了84座铁路站房，覆盖全国19个省，合同总金额达到215亿元。

在进军铁路站房工程十周年之际，中铁建设拟举办一期以“相约”为主题的道德讲堂，释义“我与高铁有个约会”，回顾站房建设的艰辛，传承不畏艰险的精神，总结十年奋进的辉煌。

（五）活动方案：

1. 开场舞

《自豪的建设者》——大型集体舞蹈，以红色歌曲为背景乐，结合站房施工场景制作背景视频，展现出“喜庆”“胜利”“有力”的风格。

2. 唱歌曲

齐唱《公民道德歌》《铁道兵志在四方》。

3. 学模范

《与博鳌论坛如期相约》：讲述三亚站建设过程中遭遇强台风天气，施工现场受损严重，但项目团队不畏艰险，竭尽全力抢险救灾、恢复生产，最终既获得甲方奖励、又获得保险公司赔付的事迹。

《我们的高铁情缘》：长春站改造工程，项目多名同事因工作繁忙无暇结婚，在工程即将结束时，项目部举办了以“情系高铁建设缘定北国春城”为主题的集体婚礼，5对新人手捧鲜花，在婚礼上幸福牵手，并肩迈入婚姻殿堂。由其中一位新人回忆当年的爱情故事。

4. 诵经典

站房建设“十大功臣”，齐声诵读《铁道兵赋》。

5. 发善心

挑选参与站房建设的杰出代表，讲述心得感悟。

6. 送吉祥

为全体观众送上印有12座精品站房工程的拼图。

二、节目单

中铁建设集团有限公司
中国铁建 China Railway Construction Group Co., Ltd.

第127讲 · 相约

开场舞

舞　蹈：《自豪的建设者》
表演者：闫成龙、许维琦、霍志鹏、董　尧、李丁一、万世有、周国鹏、唐　星、魏永辉、付文杰、贾冠男、徐庆锋、赵太行、薄　强、段云辉、付世传、王　猛、杨　帅

唱歌曲

齐　唱：《公民道德歌》、《铁道兵志在四方》
指　挥：苏　杉

学模范

情景剧：《与博鳌论坛如期相约》
表演者：李冠良、李　耀、王　博、苏　杉、田　鑫、张秋燕、许维琦、霍志鹏、李丁一、万世有、贾冠男、张军军
讲故事：《我们的高铁情缘》
讲述者：田方方
嘉　宾：张　青、苏　晶、李　源、孙守泽、商思尧、刘　虎、董庆梅、许青龙、朱　静

诵经典

主　题："逢山凿路，遇水架桥，铁道兵前无险阻；风餐露宿，沐雨栉风，铁道兵前无困难。"
诵读者：常　民、张德训、崔　凯、王　伟、宋璟毅、张学臣、江张宿、刘志军、李宏伟、刘　杰

发善心

观众谈感悟

送吉祥

总策划：李雅丹、栾尔川、李　耀
主持人：陈　静
设　计：刘泽建、郭瀚泽、冯　霞
文　字：鲍　勃、周宇英、陈　逸
技　术：方书宇、王奎旭
执　行：文云峰、方　锐、马明福、杨　洁、张东荣、李宗耀、李　奔

三、主持词

（开场舞表演后）尊敬的各位领导、各位来宾，亲爱的同事们、朋友们：大家下午好！

欢迎来到中铁建设道德讲堂的活动现场。道德讲堂，讲述身边的道德故事、分享身边的道德感悟。我是道德传播志愿者陈静。

本期道德讲堂的主题是“相约”。2008年，中铁建设开启了高铁之约。相约十年，我们从青涩少年脱变成有为青年。相约十年，我们从铁路站房建设的门外汉变成了建造精品的佼佼者。十年春华秋实，十年风云激荡，88座站房犹如88座丰碑屹立在中华大地，绽放品牌荣耀。

忆当年，大军打到哪里，铁路就修到哪里。永放光芒的铁道兵精神在我们一代又一代的铁建人身上传承。

…………

下面，进入第一个环节：唱歌曲。

…………

有请道德传播志愿者苏杉带领大家共同唱起《公民道德歌》和《铁道兵志在四方》，请全体起立！

…………

请坐下。谢谢大家。

下面，进入第二个环节：学模范。

中铁建设挺进高铁站房这十年，一大批铁路建设的领军人才脱颖而出，他们饱经风霜雪雨，历经沧桑磨难，最终建成了一批又一批精品站房。2010年，原本即将竣工的三亚站工程突然遭到了16级台风的正面袭击，工地受损严重，更严重的是，如果车站不能按时通车，将影响到博鳌论坛的顺利开幕。让我们一起走进三亚站房，看一看当时发生了怎样的故事，下面请欣赏情景剧《与博鳌论坛如期相约》。

…………

谢谢大家的精彩表演。我们可以看到面对挑战、面对困难，中铁建设的每一名员工都展现出铁军风范，但铁汉也有柔情：用一朵花开的时间相遇，相约在我最美好的年华里。一列加速的高铁穿破黑夜，在城市之间，在动静之间，相聚那么短，思念却那么长。下面请欣赏道德传播志愿者田方方带来讲述《我们的高铁情缘》。

感谢田方方的温情讲述。有人说世界上最遥远的距离是我在南方，你在北方，相爱却不能相见。但我的思念从未停止，于是，你用勤劳的双手修建了贯穿南北的铁路，让我把这份思念随时带到你的身旁。无数中铁建设人都是故事中主人公的原型，现在站在台上的就是在2013年9月30日参加长春站改造项目部集体婚礼的当时的4对新人。他们用沉默的爱构建起千万家庭的幸福相聚，为祖国四横八纵的铁路建设献出了青春年华。5年前，我作为婚礼的主持人见证了他们的爱情。今天我们又有缘相约在中铁建设进军铁路站房10周年的舞台上，续写幸福美好。我提议，让我们以热烈的掌声为这4对爱人送上诚挚的祝福，同时也向每一位默默支持和奉献的中铁建设职工家属表示由衷的敬意和真挚的感谢。谢谢大家。

下面进入下一个环节：诵经典。

…………

让我们隆重的有请铁路站房建设“十大功臣”一起上场，共同诵读《铁道兵赋》，掌声有请!

感谢“十大功臣”带领我们重温铁军精神，沐浴道德荣光。

…………

下面，进入下一个环节，发善心。

…………

相信大家看了刚才的表演，也引起了很多共鸣，也许想起了那些艰苦奋斗的岁月，或是忆起了那些欢乐美好的时光，又或者不经意的冲动了心底最柔软的地方。现在我们听一听现场的观众朋友们，有什么感悟和感想要跟大家一起分享。

台下宋部长谈感悟

主持人：感谢宋部长的精彩分享，您请坐。在您身上，我们不仅感受到了经营人的不易和背后的艰辛，更重要的是看到了不忘初心，牢记使命的精神。这种精神，感染着业主，感染着同事，感染着您身边的每一位人。点燃大家的激情，共同自发地投身到铁路建设中。

台下曾书记谈感悟

主持人：感谢您的精彩分享，您请坐。在曾书记的身上，能够感受到您虽然脱下了军装，但是铁道兵的军旗依然屹立在神州大地，铁道兵精神始终薪火相传。

台下吴总谈感悟

主持人：非常感谢吴总精彩的分享，您请坐。吴总提炼了10年的发展经验，是中铁建设宝贵的财富，经验中凝结了前人的汗水，开拓了后人的思路。这不是一个简单的10年，而是一个承上启下的10年，承接了10年的辉煌，展望了未来10年的发展。让我们再次把掌声送给吴总，谢谢您。

谢谢领导的指示。中铁建设将继续保持“雷厉风行、严谨高效”的工作作风，充分发扬铁道兵精神，不辜负每一位业主和领导的支持与信任，全力以赴完成好每一项任务。

下面，进入道德讲堂最后一个环节，送吉祥。

…………

有请道德传播志愿者入场，为在座的各位观众送上吉祥的礼物。今天我们为大家准备的是一份智力拼图。拼图的图案是在中国广袤的神舟大地上，中铁建设建造建的站房代表错落有致地排布在高铁网络图上。拼图上印有“中铁建设的高铁梦”字样，激励我们传承铁道兵文化，接力奋进，用心、用爱演绎中国梦的时代和声！

结束语：10年相约，我们建成了一座座精品站房；10年相守，我们在高铁建设发展史上创造了一个个伟大的奇迹。中国高铁正在改变着中国，影响着世界。让我们更加紧密的团结在以习近平同志为核心的党中央周围，凝心聚力，奋发图强，为实现中铁建设跨越式发展，为实现中华民族伟大复兴努力奋斗。

本期道德讲堂到此结束，我和高铁有个约会，再下一个十年，我们不见不散！

请各位领导上台与道德传播志愿者合影留念！

四、图片资料

开场舞《自豪的建设者》

全场齐唱《公民道德歌》《铁道兵志在四方》

情景剧《与博鳌论坛如期相约》

讲故事《我们的高铁情缘》

站房建设“十大功臣”齐声诵读《铁道兵赋》

石家庄铁道学院院长讲述心得感悟

为全体观众送上印有12座精品站房工程的拼图

十大功臣颁奖

十大科技成果颁奖

十佳团队颁奖

特殊功臣颁奖

五、要点说明与解读

（一）本期要点说明：中铁建设进军铁路站房工程十周年。

（二）本期要点解读：

十年磨一剑，中铁建设，同中国改革开放共同走过这繁盛的十年，下一个十年，中铁建设人定会继往开来，再取辉煌战果。

十年，88座站房，28条客运专线；十年，覆盖全国20个省、62个城市；十年，5项鲁班奖、15项国优奖、5项詹天佑奖、5项中国建筑工程装饰奖；十年，17项省部级科技创新成果、47项科学技术奖。

沉甸甸的数字背后，有一个共同的名字，中铁建设。

集团党委书记、董事长赵伟代表集团致辞，他说，“6·28”是一个特殊的日子，回首过去，在总书记“工程要经得起考验，建材不能含糊，安全生产一刻不能放松”的殷殷嘱托中，中铁建设人不辱使命、不负重托，以央企的责任担当，以铁军的家国情怀，以匠人的专注创新，精益建造了一座座百年不朽丰碑。

赵书记指出，十年来，中铁建设匠心建造精品站房的初心没有变，做强做优做大企业的愿景没有变。赵书记号召全集团，要以习近平新时代中国特色社会主义思想为引领，秉承铁军精神，坚持科技引领，以更多无愧于时代、无愧于历史、无愧于人民的精品工程，共同编织中华民族伟大复兴的中国梦，助力中国高铁领跑世界！

集团总经理梅洪亮代表集团作总结报告，他全面回顾了集团高铁站房建设经历的探索期、提升期、成熟期，并指出，过去的十年是中铁建设收获满满的十年、创新引领企业发展的十年、队伍成长的十年、芳华永驻的十年、意志品质铸造的十年、辉煌与挑战并存的十年。

梅总经理强调，面对未来发展，中铁建设仍将毫不动摇地坚持坚守铁路站房建设的初心不动摇，坚持创建精品站房的意识不动摇，坚持保持铁道兵攻坚克难、敢于碰硬的精神不动摇。以科技创新为引领，助推企业高质量发展，在“一带一路”的倡议下，树立世界眼光，高铁修到哪里，我们就打到哪里，力争在更高、更广阔的平台上参与建设，为祖国高铁建设做出新的、更大的贡献！

中国铁路总公司工管中心站房技术部部长谭月仁在致辞中表示十年磨一剑，中铁建设已经成为我国铁路客站建设专业化队伍中的佼佼者和主力军。未来铁路客站的建设还需要你们积极参与，据不完全统计，2018年及以后已明确要建设的铁路客站有600余座，中铁建设已承担了其中的23座，还有400多座待建，希望中铁建设把握新机遇，利用已经掌握的铁路客站施工经验，不断创新工艺工法，追求卓越的工匠精神，在工序控制和细节管理上精雕细琢、精益求精，为建设出更多的精品客站做出贡献。

昆明局指挥长忻帆在致辞中表示，中铁建设人克服喀斯特地貌强震带厚砂层桩基施工、九度抗震梁柱节点转换、正立面孔雀开屏造型复杂、地处高原等诸多困难，工期节点严格按照指挥部计划完成，年年被昆明局集团评为“标杆项目部”“标准化管理单位”，并在2016年上半年信用评价中排名第一。如今，昆明南站正以崭新的姿态全力以赴筹备鲁班奖申报评选工作。祝中铁建设在祖国高铁建设事业中再展新抱负，在铁路站房领域书写更加壮丽的篇章！也诚邀各位领导到昆明南站做客！

中国铁建总工程师雷升祥在致辞中表示，加大铁路站房建设，是中国铁建为完善业务布局、开拓铁路市场作出的一项重大决策部署，中铁建设主动扛起了铁路站房这面大旗，十年来积极作为、苦干实干，在市场开拓、科技创新等方面取得了显著成绩，特别是在铁路超限结构、复杂地质施工方面取得突破，获得多项省部级成果，企业技术中心认定为国家级技术中心。

雷升祥强调，要通过自主创新，不断突破科技难关和技术壁垒，不断总结提升企业核心竞争力，把科技创新作为推动高铁站房升级发展的中心环节，坚持以创新发展为主攻方向，做实科技创新平台，增强自主创新能力，推动科技成果转化，提升创效创誉能力，加强科技创新人才队伍建设，培育创新文化，激发科技创新动力，开创中铁建设创新驱动发展新局面。要在高铁站房建设领域不断追求卓越，不断实现新跨越，每一次跨越都是技术的积累和进步，每一次跨越也是综合能力和管理水平的不断提高。

中铁建设在家领导班子成员出席，总部部门、各二级单位、各区域经营指挥部省市经营部关负责人和参与铁路站房建设相关代表参加会议。

第一百四十四讲　再发展

一、策划方案

（一）活动时间：2019年1月24日。

（二）活动地点：中铁建设大厦3层报告厅。

（三）参加人员：外部媒体、合作单位、股份公司领导、中铁建设领导和职工等。

（四）活动背景：中铁建设进入高质量，再发展新阶段，集团党委拟定在年度工作会上，举办一起以再发展，为主题的道德讲堂，总结企业进入再发展新阶段以来取得的成绩，诠释高质量再发展的深刻内涵，动员各单位取得高质量，再发展新成绩。

（五）节目设置：

1. 开场

武术：《旗开得胜》。

2. 唱歌曲

齐唱：《公民道德歌》《铁道兵志在四方》。

3. 学模范

真人图书馆《杭黄精神》：黄杭站房项目14天完成了896根灌注桩高速保质表现体现了员工发扬铁道兵精神；项目管理人员日夜奋战在一线，体现了中铁建设人吃苦耐劳的奉献精神；基础设施与装饰、机电事业部同步组建了项目部协作完工，体现了杭黄高铁建设者们团结一致的合作精神；黄杭站房员工开拓创新、精益求精的做事态度体现了工匠精神以及创新精神，共同组成了杭黄精神。

情景剧：《环球总动员》。

讲故事：《“高产”项目背后的“高产”故事》。

歌舞:《青花瓷》。

4. 诵经典

主题：中铁建设四十年再发展赞歌。

5. 发善心

《爸爸妈妈我想对您说》。

6. 送吉祥

发放“再发展”主题充电宝。

“再发展”主题充电宝设计

二、节目单

中铁建设集团有限公司
China Railway Construction Group CO.,Ltd.
中国铁建
道德讲堂
中铁建设集团
第144期 • 再发展
开场舞
武　术：《旗开得胜》
表演者：江廷伟、梁家辉、陈道雄、高云鹏、程凯旋、
黎东凯、王　昊、魏黎明、靳艳林、刘　虎、
苏　晶、吴　昊（基础设施事业部　京张项目）
唱歌曲
齐　唱：《公民道德歌》、《铁道兵志在四方》
指　挥：刘婧文（房地产公司）
学模范
真人图书馆：《杭黄精神》
讲述者：王　强（基础设施事业部）
表演者：宋丹丹、郭　佳、陈　辰、杜永亮、杨　颖、韩德涛
（基础设施事业部　装饰装修事业部　机电总承包事业部）
情景剧：《环球总动员》
表演者：乔宏波、李　满、张志强、杨皓翔、郭　佳、许维琦、
黄家华（基础设施事业部　环球项目）
讲故事：《“高产”项目背后的“高产”故事》
讲述者：王六一（南方公司）
歌　舞：《青花瓷》
演唱者：周　良、向　恒（房产中心、华中分公司）
舞蹈者：王丽娜、黄　琳、李秀婵、占晓兰、刘　微、池旭旭、
汤明月、展明明、王　茜（房产中心）
诵经典
主　题：“中铁建设四十年再发展赞歌”
表演者：孟传森、窦欣欣、苏闽晋、黄家华
（物资公司、总部机关、基础设施事业部）
发善心
《爸爸妈妈我想对您说》
送吉祥
总策划：李雅丹、李　耀
主持人：宋　进、周宇英、周　阳、李宁轩
文　字：栾尔川、陈　逸、付涧梅、高　傲、黄玉珊
技　术：邹　博、周京精
执　行：苏　杉、张彬彬、高　傲、方　锐
王晓斌、张东荣、徐瑞岗、江　峰

三、主持词

李宁轩：尊敬的各位领导；

宋进：亲爱的同事们以及正在观看网络直播的朋友们；

合：大家下午好！

周阳：道德讲堂，讲述身边的道德故事、分享身边的道德感悟。我是道德传播志愿者周阳；

周宇英：我是道德传播志愿者周宇英；

李：我是道德传播志愿者李宁轩；

宋：我是道德传播志愿者宋进。

李：我们本期道德讲堂主题是“再发展”。2018年是中铁建设再发展的关键一年，中铁建设始终把贯彻落实党的十九大精神作为首要政治目标，以习总书记系列讲话精神统领企业再发展。

宋：2018年，中铁建设进军铁路站房工程10周年，十年奋战，一大批铁路建设的领军人才脱颖而出，精益建造出一座又一座百年不朽的丰碑。

阳：2018年，中铁建设吹响新的号角，公司员工上下一心，四大板块竞相发力，经营承揽首次突破千亿大关。

英：2018年中铁建设大力贯彻“海外优先”战略，成功中标了李克强总理出席揭牌仪式的柬埔寨医院项目，巩固了中柬两国友谊之桥。

宋：在刚刚到来的2019年，中铁建设迎来了40岁生日。对人来讲，40岁正当壮年，前景广阔，企业也是一样。让我们坚持实干精神，秉承创新理念，怀揣“再发展”的宏伟蓝图，扬帆起航。

李：下面，我们进入第一个环节，唱歌曲。有请道德传播志愿者刘婧文，带领我们共同唱响《公民道德歌》和《铁道兵志在四方》。

…………

请全体起立。

…………

宋：大家请坐。下面让我们一起进入道德讲堂的第二个环节，学模范。在铁路交通建设中，中铁建设全面贯彻落实“畅通融合、绿色温馨、经济艺术、智能便捷”的管理要求，开启了精品智能客站建设2.0时代。

李：天下佳山水，古今推富春，在杭黄线上，有这样一个项目，它是新时代铁路站房建设的新标杆，用时不到一年，顺利完成了桐庐、富阳两站的施工任务，充分展现了中铁建设的铁军风采，打造出杭黄精神。

下面我们这个节目啊，我们采取的是真人图书馆的形式，真人图书馆源于丹麦，就是将有不同生活经历的人邀请到一起，讲述自己的故事，达到图书阅读的目的。

下面有请道德传播志愿者王强为我们讲述真人图书馆杭黄精神，

…………

阳：谢谢。我们不仅是在建造建筑，我们更是在建设文化。富阳高铁站位于春江街道建华自然村，是杭黄高铁在富阳的停靠站，站房设计考虑利用“富春山居图”元素，使建筑造型具有历史性、地域性。真正达到文化契合。未来八纵八横的中国高速铁路网还将在中华大地不断延伸。

英：是的，近年来，我们除了房建以外，开拓了许多创新业务，比如建造主题公园，咱们下面要讲的就是一个高质量项目管理的优秀团队，他们秉承着不畏艰险，勇攀高峰的铁道兵精神，圆满完成了一个“不可能完成的施工任务”。

下面请欣赏由环球影城项目员工本色出演的情景剧《环球总动员》，大家掌声有请！

…………

李：谢谢。感谢他们的精彩表演，凭着“必须干好，必须干完”的环球精神，他们创造了施工奇迹，弘扬了中国精神。

宋：青春，在平凡的工作中闪光，青春在岁月的芳华里绽放！

下面有请道德传播志愿者为我们讲述长影100项目的故事。大家，掌声有请！

…………

阳：哎，宇英，你刚刚看到视频里的那艘大船了吗？

英：嗯，看到了啊，那也是我们的创新业务，我们优秀的项目管理团队，长影100项目员工根据郑和下西洋的大船1∶1建造的，有机会你可以亲临现场去看看，每一个细节都非常的逼真呢！

阳：嗯，从画面上我已经能感觉到震撼了，这些年轻的建设者真是太厉害了啊！习近平总书记指出：中国的未来属于青年，中华民族的未来也属于青年。在企业中，青年也是促进企业发展的蓬勃力量，作为铁建新青年，我们要不驰于空想、不骛于虚声，一步一个脚印，踏踏实实干好工作。

英：2019年，我们勾勒新途径，绘就新蓝图，走出新天地。

下面，请欣赏道德传播志愿者带来的歌伴舞《青花瓷》大家掌声有请。

…………

李：谢谢，谢谢道德传播志愿者们的精彩演绎，我们生活在改革开放的新时代，新时代的青年们唱出了心中的梦想和对未来的向往。

宋：下面我们进入道德讲堂下一个环节，诵经典。请欣赏道德传播志愿者带来的朗诵《中铁建设四十年再发展赞歌》，掌声有请。

…………

阳：谢谢，谢谢他们充满激情的朗诵。刚才他们的朗诵啊，句句铿锵，掷地有声，让我们真切地感受到铁道兵特别能吃苦，特别能战斗的坚强意志。

英：嗯，是啊。看到他们意气风发，充满决胜2019的自信。作为其中的一分子，我们在中铁建设这个大家庭中有了更多的归属感、幸福感和获得感。

阳：下面这个节目啊，是一个很暖心的节目，也是我非常期待的节目，接下来，我们进入道德讲堂下一个环节，发善心。

…………

请看大屏幕，一起欣赏视频《爸爸妈妈我想对您说》。

…………

李：真的是很暖心啊，款款深情，浓浓爱意，无不在构建着我们的铁建梦；无不在诠释着，我们铁建人，舍小家为大家的情怀。

宋：刚刚在台下，我看到有些人的眼角已经泛起了泪花，在这里，我们要向所有为中铁建设发展做出贡献的同志，前辈表达我们最由衷的敬意（鞠躬）。

阳：我们的掌声不仅要献给所有奋斗在工作岗位上的铁建人，还要献给他们背后那个默默无闻、甘心付出的家庭。

英：下面，我们进入道德讲堂最后一个环节，送吉祥。有请我们的道德传播志愿者入场，为在座的各位观众送上吉祥的礼物。

…………

李：我们这次的礼物是充电宝。希望“再发展”充电宝所蕴含的磅礴力量，能够如灯塔一般照亮您前行的路，帮助您在实现梦想的过程中书写人生无悔的华章。

宋：2019年已经到来，这是中铁建设成立40周年，也是新中国成立70周年；

阳：2019年，我们将不忘初心，以“十三五”规划描绘的发展蓝图，牢记使命，勇于担当；

英：2019年，让我们在以习近平同志为核心的党中央带领下，奋力前行，勇开新局。

李：让我们踏上新征程实现再发展；

宋：让我们立足新起点，谱写新华章。

阳：在新春佳节来临之际，祝福我们每一位员工及家属生活安康；

英：工作顺利；

李：吉祥如意；

宋：阖家幸福！

本期道德讲堂到这里就要结束了！

我们，

合：下期再见！（挥手）

四、图片资料

主持人开场

情景剧《环球总动员》

讲故事《“高产”项目背后的“高产”故事》

诵经典“中铁建设四十年再发展赞歌”

歌舞《青花瓷》

与会人员与演员合照

五、要点说明与解读

（一）本期要点说明：中铁建设进入高质量，再发展新阶段，总结企业进入再发展新阶段以来取得的成绩。

（二）本期要点解读：2018年是中铁建设大变革、大发展、大跨越的一年，这一年的我们，新签合同首次突破千亿元大关，营业收入首次突破四百亿元门槛，继2015年实现九年再造十个中铁建设后，我们再一次创造了，一年一台阶，三年一跨越，发展奇迹。

1. 北京公司：2018年，北京公司坚定不移做优企业频结硕果！提质量，做优市场。相继承建多个高校、医院、大型公建类具有社会影响力工程。创标杆，做优管理，公司全力推进项目基础管理提升工程，所属数项工程作为样板工地，迎接内外部现场观摩百余次。建精品、做优品牌。华为北京环保园无线终端研发中心、中国通号轨道交通研发中心两项工程分别通过“国家优质工程奖”“中国建设工程鲁班奖”现场验收，公司连续第9年获得AAA级安全文明标准化工地。

2. 华北公司：提高发展质量、提升管理水平、提高工期履约率！一个“提”字为华北公司的2018年作出了最生动的注解。一年来，华北公司以加速奔跑的姿态迎接挑战、砥砺前行，聚焦履约和创效、抢抓新机遇，2018年平均工期履约率大幅度提升。公司新一任领导班子从作风建设入手，实行“三项改革”，提升积极性，凝聚干事创业合力。站在新的历史起点，华北公司还将全面增强自身核心竞争力，以永不懈怠的精神状态矢志再出发。

3. 华中公司：华中公司2018年再发展取得“新突破”。主要经济指标创新高，经济运行质量稳步提升，企业综合实力全面增强。企业管理实施“新举措”。推出24项量化指标，精准定位科学管理；创新培训模式，实战练兵锻造后备队伍；上线智慧工地系统，发挥科技引领作用；成立资产资源配置中心，深挖集中管理创效价值。全面建设迎来“新气象”。强化党建引领，党建与生产经营深度融合，凝聚发展之魂；打造文化引领，《铁军志》微信半月刊锻造铁军文化。

4. 西北公司：2018年，西北公司紧跟集团高质量、再发展战略，扎实开展各项工作。营业收入、利润总额实现“双提升”。二次经营得突破，银企合建填空白。QC成果获奖等级、专利申请和授权数量再创新高，论文发表超历年总和，科学技术奖实现零突破。项目经理分级制度激活在施项目履约率，“两项工程”建设高调推进。以“两美化、两强化”为抓手，倾力打造“幸福之家”，全力提升广大职工幸福指数。西北公司以改革实措和发展实举，扬起追赶超越的风帆。

5. 中南公司：2018年，中南公司稳扎稳打，用一项又一项成就谱写出这极不平凡的一年。转变——管理体系向系统化、标准化转变，党建和业务培训双管齐下；转化——党建优势转化为发展优势，党建文化墙、党员先锋岗、《党建工作简报》……筑牢党建阵地，引领公司再发展。转换——经营思路转换为“精”营思路，大型民生棚改工程、装配式建筑、郑万高铁配套设施、鄱湖新城规划区等重大工程先后落地。转折——发展方式迈向转折，“再发展、快发展、优发展”成为旗帜所向，营业收入再创历史新高。

6. 华东公司：2018年，华东公司各项工作齐头并进。经营承揽再创新高，创新创优成绩斐然，再次进军铁路站房市场，中标灌云、灌南、涟水三座站房。东航技术应用研发中心获“国家优质工程奖”，“盐城第一高楼”顺利封顶并获“全国施工安全生产标准化工地”；苏州独墅湖项目实现13个月从开工到精装交付；杭州保亿奥体项目攻克钢板剪力墙施工难题，赢得时间与赞誉。再发展，华东公司立足新起点，以更加昂扬的斗志谱写新时代、新篇章。

7. 南方公司：2018年，南方公司因势利导，充分发挥改革前沿阵地区域优势，开启子公司自主运营新征程。抓党建就是抓生产思路明确，吸引央视及省级媒体报道共8次，品牌战略落实到位。资金到位项目达100%，经营结构实现质的转变，经济运行质量全面提升。项目经理分级授权、项目部分类、产值决定工资、兑现流程简化等激励办法配套齐全，项目履约创效动力十足。技术管理紧跟行业潮流，率先通过省级企业技术中心认定，BIM技术大赛、QC成果屡获国家级奖项，并荣获詹天佑大奖。

8. 西南公司：2018年，西南公司团结奋进，砥砺前行，以干促揽，携手西南指挥部承揽工程20项，新开工程18个，首次开启了EPC工程及铁路站房建设的新征程。一年来，公司产值比2017年增长28%、利润增长79%、收款增长18%、合同履约率达90%，获省部级荣誉5项、地市级荣誉6项、省级QC成果7项。一年来，公司5个项目受到建设单位考核奖励，3个项目收到建设单位感谢信，公司在集团综合管理体系审核评价中获得第二名的好成绩。

9. 基础设施事业部：2018年，基础设施事业部全体员工奋力拼搏，书写了精彩答卷！拼实力，优化机构，拓展市场，“铁路站房+基础设施”齐发力，新签合同额创历史新高。拼速度，昆明南站通过鲁班奖评审，亚洲规模最大的“三线跨结构上盖物业开发车辆段工程”成都地铁6号线完成全年产值164%，全线开工最晚、建设最快的杭黄富阳、桐庐站迎来国家铁路集团300人观摩。拼干劲，冬奥工程京张高铁怀来、东花园北站房项目成功封顶，星火站誓师团发出打造新时代精品智能客站最强音！

10. 超高层事业部：高起点。超高层事业部秉承“高精尖”定位，奋力开拓高端市场，勇于创新施工技术，持续向业界前沿发力。高标准。精心组织，精细施工，精益建造。四季酒店项目对标、PK国际先进技术标准，圆满完成竣工验收，完美收官。高评价。中国驻马来西亚大使白天盛赞项目展示了中国速度、中国质量。国务院国资委领导莅临项目，给出了“很震撼、干得非常好、非常漂亮”的高度评价。

11. 国际事业部：2018年，国际事业部紧跟“一带一路”，探索海外发展特色之路。争当践行中国铁建“海外优先”战略先行者，承接援柬埔寨特本克蒙省医院，为中柬建交60周年献礼，成功开启援外项目发展之路。走海外特色宣传之路，加强主流媒体报道，APEC第二十六次领导人非正式会议期间，人民日报、央视《东方时空》等中央媒体聚焦巴新项目开展集中报道7次，传播中铁建设品牌文化。

12. 机电总承包事业部：2018年机电总承包事业部开拓思维、开拓市场，用实绩打造中铁机电品牌。开启党建新模式，开展党建共建、大型党务培训，促进党建与生产经营的深度融合。迎来转型发展关键年，成功进入铁路站房客服信息系统和高速公路地下综合管廊系统领域，业务结构进一步完善。以干促揽创口碑，承揽华为工程8项，累计合同额5.7亿元，获评中国华为基建供应商机电类唯一优秀合作企业，并荣获“北京建设行业AAA信用企业”称号。

13. 装饰公司：2018年，装饰公司作为中国铁建建筑装饰装修业务发展的平台企业，成为第一批新兴产业重点业务培育和扶持单位。全面开启发展子公司运营模式，年度各项指标创历史新高，成功取得设计专项甲级资质，进军“双甲双壹”专业化企业。品牌创优成果斐然，荣获鲁班奖、国优奖等多项重量级大奖，科技创新硕果累累。成功注册“中铁创意”商标，匠心打造最美“杭黄”高铁客站，树立新时代智能精品客站新航标。强党建促生产，公司蝉联首都文明单位，打造中铁装饰企业文化，锐意进取创实绩。

14. 房地产公司：“拿地、拿地、又拿地”，2018年房地产公司在土地经营市场身影活跃，49天连下三城，创拿地速度新纪录。公司销售额继续保持铁建系统除地产集团外排名第一的优势，土地储备额为历年之最。公司坚决落实集团“四驱联动”战略，积极探索差异化竞争方式，总结提炼形成获取土地的“天津模式”和“温州模式”，积累沉淀了创新拿地经验。2018年，公司土地储备面积600亩，拉动总承包施工100.4万平方米，自主营销稳步推进，为“三年上百亿”发展目标打下关键性基础。

15. 建筑设计院：穿越、超越、跨越。2018年是建筑设计院迈上跨越式发展快车道的一年。建筑设计院上下勠力同心、砥砺奋进、迎难而上：经营承揽、营业利润大幅增长；人才招聘突破瓶颈，止流反增；采用“1+4”发展模式，成立EPC项目管理中心、方案室、审图室、绿色装配式建筑设计所，为建筑设计院跨越式发展增加新的增长点。凭借中铁建设的大好发展形势和设计院全体员工的共同努力建筑设计院一定会越来越好！

16. 物资公司：2018年是物资公司成立25周年。这一年，物资公司营收超百亿元，创历史新高！“闯”出新格局，改革组织架构，深化采销分离，上线“中铁供应链”电商平台，线下线上营销齐头并进。“闯”出新市场，中标3个海外外部工程钢筋供应，水泥、型板材等新品类业务量质齐升，物流服务板块成为新的增长极。“闯”出新高度，年综合授信56亿元，厂家直采率达

76%，与中建、中交、华润集团等核心客户多领域合作，四获“中交股份战略供应商”。

17. 混凝土公司：2018年混凝土分公司迎来转型升级的紧要年头。“调模式”：调整管理模式，激发搅拌站经营承揽能力和外部开发能力，同比混凝土生产增量40%，实现逆势转盈；为肿瘤医院、星火站、环球影城、成都地铁等重点项目提供坚实保障，为集团再发展添砖加瓦。“调船头”：利用“船小好调头”优势，开发装配式建筑业务，成功申请灌浆模拟教具专利，加入“全联房地产商会装配式建筑分会”；储备预制构件产品技术工艺，提前为PC产业基地建立后的顺利投产提供技术保障。

18. 建筑科技公司：2018年是建筑科技公司转型再发展的关键一年。我们专注于新型建材生产，两年五大铝模生产基地，产能全国前三，获“全国绿色建材科研示范基地”称号。我们专注于建筑智能产品研发，“于程水创新工作室”被中国铁建命名，铁建云大数据平台、劳务实名制、地磅称重的成功运用让工地更智慧，获北京市高新技术企业认证。我们专注于智能交通领域研究，校企合作成立“石景山动静态一体智能交通研究院”，被评为“中国停车设备产业联盟理事”。

19. 电梯公司：2018年是电梯公司技术创新的关键年。这一年，电梯公司一举荣获5项计算机软件著作权登记证书和25项国家实用新型专利证书，成功进入北京市高新技术企业公示企业名单。技术创新能力获得国家权威认可与肯定，实现具有里程碑意义的突破。这一年，公司强化技术创新工作，在推进企业管理和转型升级等方面不断突破。技术标准获得北京市电梯行业内外充分认可，再次受邀编制北京市标准《建筑安装分项工程施工工艺规程》。

20. 房产中心：按照精业务、优服务的总体思路，2018年，房产中心以服务促品质提升。公司落实岗位责任、优化管理环节、完善管理体系，服务质量有效提升，获评石景山区2018年度消防工作先进单位，获业主锦旗23面，客户满意率达99.79%。以发展促品牌提升。2018年，公司接管了北戴河接待服务中心、中铁国际城二期的物业管理。公司职工舞蹈在北京市物业管理协会第一届才艺大赛中获“二等奖”，内树精神，外塑形象，企业品牌优势彰显。

第一百五十一讲　担当

一、策划方案

（一）活动时间：2019年8月6日。

（二）活动地点：中铁建设大厦3层报告厅。

（三）参加人员：外部媒体、合作单位、股份公司领导、中铁建设领导和职工等。

（四）活动背景：今年是新中国成立70周年也是中铁建设建企40周年在这一特殊的年份集团迎来一批肩负特殊使命的人。8月3日来自全国各地705名“新生力量”加盟中铁建设在这里开启他们人生新的征程。为办好此次培训集团将“不忘初心，牢记使命”主题教育与入职培训深度融合量身打造培训课程让新人对自己肩负的“初心”和“使命”有更深刻的认识。

（五）节目设置：

1. 开场舞

《我们都是追梦人》。

2. 唱歌曲

齐唱《公民道德歌》《铁道兵志在四方》。

3. 学模范

舞蹈《扇舞青春》。

情景剧《以梦为马，不负韶华》：讲述两位青年从步入大学校园时的青涩、对于自由的向往，到大学毕业时对现实的思考与迷茫以及不舍，再到坚定决心选择中铁建设的心路历程，表现了中铁建设新员工的梦想与担当。

三句半《新时代，新青年》。

歌舞《奔跑、杯子舞》。

朗诵《铁建担当》：中铁建设高速发展四十年来，为国家做出了卓越贡献，表达作为新一代中铁建设人应主动学习先辈精神，担起新一代铁建人的担当，为企业发光发热。

合唱《我们走在大路上》。

4. 诵经典

朗诵《居其位安其职尽其诚而不逾其度》：概括含义为在自己的岗位上，就要全身心地投入工作，忠诚地担当起责任而不逾越自己的本分。

背景切换：发善心。

5. 发善心

主持人主持。

6. 送吉祥

中铁建设集团有限公司
China Railway Construction Group Co.,Ltd.

送吉祥礼物担当主题充电宝设计

7. 合影

8. 合理安排退场

二、节目单

道德讲堂
——中铁建设集团——

2019新员工专场·担当

开场舞

歌　舞：《我们都是追梦人》
表演者：李思衡 牛勇皓 朱慧林 何小斌 孙国鑫 赵子涵 卜明明 马俊斌 王博雅 李　虎 左　巍 龚　瑶

唱歌曲

歌　曲：《公民道德歌》、《铁道兵志在四方》
指　挥：石佳欣

学模范

舞　蹈：《扇舞青春》
表演者：黄　可 唐　荣 刘　宇 刘　鹏 向莎莎 庄佳威 班续伟

情景剧：《以梦为马 不负韶华》
表演者：朱慧林 何小斌 孙国鑫 王光 陈富华 马廷虎 宋佳豪 冯尔童

三句半：《新时代 新青年》
表演者：马振坤 陶　健 乔佩龙 卫智卿

歌　舞：《奔跑》杯子舞
表演者：农增添 钟伟胜 崔嘉怡 周锦文 孙杨林 陈仲夏 焦林威 吴献政 赵熙昱 晋凌云 孟令珍 董宝鑫 邓志城 丛东君 邓　冰 蓝　星 罗　艺 周　亮 何　健

朗　诵：《铁建担当》
表演者：钟彦琪 张志龙 沈德宏 牛勇皓 张嘉琦 李金钊

合　唱：《我们走在大路上》
表演者：何小斌 孙国鑫 赵子涵 卜明明 马俊斌 陈富华 马廷虎 宋佳豪 冯尔童 刘红祥 韩磊磊 王博雅 冯佳男 张少石 李世强 张明鑫 霍英杰 贺彦栋 杜明阳 李　虎 王　光 王　海 龙　涛 龚　瑶 左　巍

诵经典

主　题：《居其位 安其职 尽其诚 而不逾其度》
诵读者：谭锐聪

发善心

观众谈感悟

送吉祥

总策划：朱　川 李　奔 周京精 苏　杉
主持人：石佳欣 李思衡 周智慧 韩　明
技　术：李兴昊 梁雨润 赵　岚 赵　聪
执　行：阚君成 王大路 杨晓鹏 陆金龙 丁肖东 赖德俊 余翼丰 王青龙 江　兴

三、主持词

男（场上主持人）：尊敬的各位领导；

女（场上主持人）：亲爱的同事们；

合：大家晚上好！

男：欢迎大家来到中铁建设道德讲堂的现场，聆听道德故事，收获道德感悟，我是道德传播志愿者×××。

女：我是道德传播志愿者×××。

男：首先请允许我介绍一下今天到场的各位领导，他们分别是中铁建设团委书记李雅丹，中铁建设人力资源部（党委干部部）部长文华，中铁建设人力资源部（党委干部部）副部长闫辉。

女：大家再次以热烈的掌声欢迎今天到场的各位领导。

男：本期道德讲堂的主题是：担当，所谓担当，便是要接受并承担起责任，梁启超先生曾经说过：人生须知负责任苦处，才能知道尽责任乐趣。

女：中铁建设从1979年发展到今天，风雨兼程40载，从无至有、由弱变强，离不开代代铁建人的责任与担当。

男：本期道德讲堂共设5个环节，分别是：唱歌曲、学模范、诵经典、发善心，送吉祥，为大家描绘担当的神采风貌。

女：首先，让我们进入第一个环节：唱歌曲。有请来自机电总承包事业部的石佳欣指挥大家共同唱起《公民道德歌》和《铁道兵志在四方》。掌声有请！

男：请全体起立！（主持人下台）

…………

男：古人云：天地生人，有一人当有一人之业。人生在世，有一日当尽一日之勤。

女：我们在前进的大路上，应时刻发现问题、研究和解决问题，要坚定不移地把责任与担当扛在肩上！

男：接下来，让我们有请由西北分公司、华北分公司、南方公司、华中分公司、基础设施事业部、建筑科技公司、北京公司和机电总承包事业部的同事们为我们带来歌曲《我们走在大路上》。

…………

女：各位请坐。一首高亢明亮的《公民道德歌》让我们如沐道德荣光，一首铿锵有力的《铁道兵志在四方》让我们重温铁军文化。

男：重温这一段段旋律，唱起这一首首歌谣，前辈先烈们的精神事迹仿佛就在我们耳边轻轻诉说。

女：下面让我们共同进入本期讲堂的第二个环节，学模范。

男：追彼年豆蔻时光，我们诗情鹤上，层云笑染，忆往昔青春岁月，我们风华正茂、挥斥方遒。

女：大学时期的历练成长，让我们学会了为现在担当；更明白了要为我们的未来担当。让我们欣赏由西南分公司机电总承包事业部和基础设施事业部带来的舞蹈节目《扇舞青春》。

…………

男：感谢西北分公司为我们带来的精彩表演。今日之路为明日之路铺就。我们将肩负梦想，用青春去演绎生命的精彩。

女：习近平总书记曾说过，“历史只会眷顾坚定者、奋进者、搏击者，而不会等待犹豫者、懈怠者、畏难者”，作为新时代的新青年，站在人生新起点，大家有怎样的体验和思考呢?下面有请华中分公司为我们带来三句半《新时代新青年》。

…………

男：作为新时代新青年的我们，必将承担着新的责任和使命，而在路途中我们不免遇到种种的困难和挫折。

女：即使前路荆棘，中铁建设儿女们必将上下一心，发扬铁道兵逢山凿路，遇水架桥，劈山填海的精神，奔向成功。

男：下面请欣赏南方公司、华北分公司、华东分公司和西南分公司为大家带来歌舞《奔跑》。

女：请大家保持安静，精彩值得等待。

…………

男：是啊，哪怕遇见再大的风险，再大的浪，也会有默契的目光。只要我们团结一心，勇于担当，中铁建设的未来必将变得更加美好。

女：接下来，让我们掌声有请由中南分公司、华中分公司、华东分公司、南方公司，以及基础设施事业部的同事为我们带来朗诵《铁建担当》。

…………

男：一代又一代中铁建设人，身负使命担当，几经风雨，几番开拓，踏平坎坷（三声），历经探索，最终在胜利的大路上大步前行。

女：接下来让我们一起来进入本次活动的第三个环节，诵经典。

男：有请来自华东分公司的道德传播志愿者谭锐聪，掌声欢迎！

…………

男：经典是民族精神的源头，人类文化的瑰宝。是民族对后世子孙的教诲，所承载的是圣贤伟大的思想光辉。

女：正是厚德载物的大基础。所有的聪明智慧唯有建立在这个平台上才能尽其用。

男：我们从四面八方来到了中铁建设这个大家庭，身为一位中铁建设人，希望大家能将这份担当内化于心，外化于行，在中铁建设薪火相传。

女：下面让我们进行活动的第四项，发善心，让我们把舞台交给场下的两位主持。

男（场下主持人）：好，感谢场上主持人以及道德传播志愿者们的精彩表演，尊敬的各位领导，亲爱的同事们，欢迎来到道德讲堂发善心环节。

女（场下主持人）：接下来的发善心环节，希望大家多多举手示意，能够踊跃将自己心中所想与我们一起分享。

男：感谢××的精彩分享。相信每位铁建人的身上都肩负这样一种对社会的责任。下面还有观众要与我们一起分享感悟的吗？

女：相信这位同事真诚的言语能够感染到我们每一位铁建人。

男：是的，这也让我们又一次真切感受到，江山代有人才出，我们每一位中铁建设人，都已经准备好，为中铁建设的明天注入新的血液，描绘新的蓝图。

女：好了，感谢现场的所有的同事和领导们，由于时间关系，发善心的环节就先到这里。

男：接下来，让我们进入今天最后一个环节，送吉祥。有请我们的道德传播志愿者入场。

男：有请我们的道德传播志愿者为在座的各位观众送上精美的礼品。

…………

女：手机需要充电，人生又何尝不是？希望我们在中铁建的奋斗道路上踏实工作，潜心学习，续航远行。

男：时间过得真快，本期的道德讲堂就要和大家说再见了。

女：道，源于教育；道，重在传承；道，贵在坚持。真诚的希望今天走进道德讲堂的每个人，都能见贤思齐，择善而从，在成长的道路上成为道德的实践者、传播者、受益者。

男：愿大家能以良好的职业道德，展现青年人朝气蓬勃的有为形象，也祝愿中铁建设立足新的起点，迈上新的征程，开创新的辉煌。祝福每一位员工生活安康。

女：本次道德讲堂到此结束，感谢大家的参与。我们——

合：下期再见！

四、图片资料

主持人开场

全体合唱歌曲《公民道德歌》《铁道兵志在四方》

舞蹈《扇舞青春》

情景剧《以梦为马，不负韶华》

三句半《新时代新青年》

歌舞《奔跑》杯子舞

歌舞《奔跑》杯子舞

朗诵《铁建担当》

合唱《我们走在大路上》

朗诵《居其位安其职尽其诚而不逾其度》

全体演职人员与领导嘉宾合影留念

五、要点说明与解读

（一）要点说明：集团将“不忘初心，牢记使命”主题教育与入职培训深度融合为2019届新入职“新生”量身打造培训课程。

（二）要点解读：自2014年铁道兵纪念馆落成以来，集团连续4年，把入职培训第一站放在铁道兵纪念馆，截至目前，累计组织近2千名新人，参观铁道兵纪念馆，学唱《铁道兵志在四方》，近距离感受铁军风采，集团2013年开始招收“90后”大学生，今年已经是第七个年头，“90后”大学生占到集团员工总数的近三分之一，集团党委书记、董事长赵伟连续第七年，为新人讲授入职第一课

现场答疑解惑，并且在在讲话中勉励大家，“人生的第一粒扣子非常关键，期待大家在奋斗中实现自己的人生价值，以青春之我，奋斗之我，为民族复兴铺路架桥，为祖国添砖加瓦，为我们企业的第二个40年建功立业”

今年是落实“海外优先”战略元年，集团牢记，打造具有全球竞争力的世界一流企业的宏伟愿景，参与股份公司国际人才班培养计划，培训现场近百人

踊跃报名奔赴海外，集团总经理梅洪亮参加“国际人才班”及国际人才代表座谈会寄语大家：“要扎根基层，从基层做起，从做好每一件小事做起，脚踏实地，规划好自己的人生和职业，认同企业文化，在工作中实现人生价值”

集团挑选5位讲师，分别从企业文化、安全教育、员工职业生涯规划、廉洁教育、集团及海外战略规划，为新人指明发展方向，81人自编自导自演了一期主题为“担当”的道德讲堂，展现“新铁军”风采的同时，也为今年入职培训画上了圆满的句号。

第一百五十讲　不忘初心　牢记使命

一、策划方案

（一）活动时间：2019年7月30日。

（二）活动地点：中铁建设大厦3层报告厅。

（三）参加人员：外部媒体、合作单位、股份公司领导、中铁建设领导和职工等。

（四）活动背景：2019年是中华人民共和国成立70周年，同时也是中铁建设成立40周年。中铁建设伴随着中华人民共和国改革开放应运而生。40年，搏击市场，创新管理，中铁建设走出了一条成功之路。企业从1984年收入不足千万的小建工处发展成为规模千亿的大型投资建设集团，到如今400多个项目部遍布我国30个省、市、自治区和十余个国别市场，创造了一系列辉煌的业绩，也涌现出一大批可歌可泣的先进人物。

为重拾企业成立四十年来的美好记忆，结合党中央目前开展的“不忘初心牢记使命”主题教育活动，中铁建设拟举办一期以“不忘初心、牢记使命”为主题的道德讲堂，从“守初心、担使命、找差距、抓落实”四个角度，回顾中铁建设一步步的发展历程，展示企业在践行国家战略上所做的贡献。

（五）节目设置：

1. 开场

情景剧《不忘初心兵魂永存》。

开场情景剧重现了中铁建设从1979年铁道兵独立建筑团成立并承建第一个项目五棵松向阳招待所到1984年铁道兵独立建筑团脱下军装走向企业化道路，并承建了华威大厦，以及在这之后中铁建设走上了快速发展的道路的几个重大历史场景，向大家展示了中铁建设人“逢山凿路、遇水架桥”的铁道兵精神。

2. 唱歌曲

齐唱《公民道德歌》《铁道兵志在四方》。

3. 学模范

学模范环节通过“守初心、担使命、找差距、抓落实”四个篇章展现企业40年发展历程。

讲故事《老兵的选择》：讲述了老铁道兵钟吉荣为企业无私奉献40年的经历。1992年因企业需要，钟吉荣背井离乡，在陌生的南方一干就是26年。26年时间里钟吉荣辗转珠海、漳州、南宁、广州多个城市。在每一个地方、每一个岗位钟吉荣都没有放松对自身的要求，认真对待每一份工作。随着权力的增长，诱惑也越来越大，面对诱惑钟吉荣26年从未放松过对自己的要求，严守着自己的底线。即便身患重疾，依旧坚守岗位，为企业发光发热。

相声《满腹经纶》：从日常工程项目、海外优先战略、责任成本管控的视角演绎出员工对工作和生活的赤诚初心，并以对对联的方式，以轻快、活泼的方式表达了中铁建设对推行三个不允许、四个建造，绿色建造方针的决心，并凸显出集团真抓实干的做事态度。

舞蹈《新时代铁路站房建设者》：全景展示了中铁建设10年时间建成了百余座站房，覆盖了全国22个省、市、自治区、直辖市，71座城市，一步步成长为中国高铁站房建设主力军的心路历程。

歌舞《我们都是追梦人》：代表年轻一代中铁建设青年喊出了“以青春之名，为梦想奔跑”的嘹亮口号。

快板《秉初心、守廉心》：以品质铁建、廉洁铁建为主题，唱响中铁建设上下反腐倡廉的决心与恒心，奏响中铁建设廉洁文化主旋律。诠释出了中铁建设人狠抓落实、建功海外、树强品牌，积极投身一带一路建设大潮的使命感和责任感。

讲故事《筑梦海外》：展示了以范守印同志为代表的企业员工，奔赴海外，践行海外优先，不畏艰难险阻，勇于探索的员工形象。范守印同志在巴新这十一年中服务了多个项目，不仅帮助企业实现当地滚动发展，而且对当地经济发展起到了促进作用，改善了当地人民生活条件，得到了国内外一致好评。

4. 诵经典

当代青年共同朗诵《中铁建设赋》，配以激昂的音乐。

5. 发善心

梅洪亮领誓《企业在我心中》；老兵、老领导、青年领导干部谈感受。

6. 合唱《我和我的祖国》

采取歌伴舞形式，歌手唱完第一遍之后，主持人上台讲闭幕词，全体演职人员手持国旗走上舞台，台上台下共同挥动国旗，共同祝愿祖国繁荣昌盛，全场演出在歌声中落幕。

7. 送吉祥

散场时在门口发放建企40周年宣传纪录片。

四十周年纪念U盘设计

中铁建设建企40周年纪录片光盘封面设计

中铁建设建企40周年纪念品外包装设计

（6）分工表

序号	节目	主要工作	负责人	确认细节	演出人员
1	导演	统筹推进	组长：李雅丹 协助：王晓斌、宋进、邵睿麒、苏杉、刘盛、王茜、刘帅超	1. 推进各工作组工作落实 2. 保证节目质量 3. 及时处理问题	
2	综合	后勤保障	组长：邵睿麒 协助：杨淇然、牛勇皓	1. 负责材料打印装订 2. 负责节目单制作 3. 负责主持手卡制作 4. 负责演员餐饮事项	
3	综合	场控保障	组长：刘帅超 协助：王晓斌、郭瀚泽、樊星、刘菁雅、方锐	1. 王晓斌负责所有节目剧本、伴奏音视频收集，演出当天负责控制台全面工作 2. 刘帅超负责节目催场和现场突发事件 3. 樊星、刘菁雅、方锐负责会场道具发放，发善心环节话筒传递，并协助刘帅超处理突发事件	
4	综合	服装道具	组长：刘盛 协助：过传乐、宋进	督促并协助各节目准备服装道具，主要是主持人、主唱歌手的服装。27日要求全部到位	
5	综合	摄影摄像	组长：袁鹏 协助：唐安营、张铮、刘盛	袁鹏、唐安营负责直播及全程录像 张铮、刘盛负责摄影	
6	综合	宣传报道	组长：苏闽晋 协助：付涧梅、刘盛、杨钦然	1. 负责活动相关文字材料撰写 2. 负责活动新闻报道	
7	综合	礼仪接待	组长：王茜	观众入场引导	
8	主持	主持人组	组长：宋进 协助：田芳芳、李奔、田鑫	负责主持词撰写 负责本组人员服装租赁	

续表

序号	节目	主要工作	负责人	确认细节	演出人员
9	情景剧	舞台、灯光、音箱、直播 主背景、节目伴奏视频、情景剧	组长：唐安营 协助：王晓斌、张登飞、刘盛、王茜	唐安营全面负责情景剧节目，并负责主背景及个别节目伴奏音视频制作 王晓斌负责提供音视频制作素材 张登飞负责情景剧道具准备 刘盛负责协调情景剧排练 王茜协助刘盛负责铁道兵排练	一、主要演员 团　长：李冠良　值班员：张登飞　棋手3人（物业安保部） 二、铁道兵：（16人） ⑴白川龙（混凝土）、⑵周丰收（房产）、⑶耿元安（科技）、⑷葛正祥（科技）、⑸吴通法（房产）、⑹田维六（房产）、⑺崇新财（房产）、⑻李爱芳（房产）、⑼张贺民（混凝土）、⑽金叶德（混凝土）、⑾黄永稳（混凝土）、⑿李绍堂（房产）、⒀王永全（房产）、⒁张以忠（房产）、⒂郭映才（房产）、⒃何朝进（科技）
10	守初心——《老兵的选择》	演员服装道具、节目剧本、伴奏音视频等	邵睿麒	全面负责该节目 1. 安排演员按排练计划按时彩排 2. 督促演员按照指导老师要求改进练习	成航
11	守初心——《满腹经纶》	演员服装道具、节目剧本	刘菁雅	全面负责该节目 1. 安排演员按排练计划按时彩排 2. 督促演员按照指导老师要求改进练习	梁庆丰、刘聪
12	担使命——《新时代高铁站房建设者》	演员服装道具、节目伴奏音视频等	苏杉	全面负责该节目 1. 安排演员按排练计划按时彩排 2. 督促演员按照指导老师要求改进练习	苏杉、江庭伟、王昊、吴昊、梁家辉、王振宇、张晓亮、李琳琳、李盼、殷春霞、曹馨月、虞颖鑫、李艺

续表

序号	节目	主要工作	负责人	确认细节	演出人员
13	歌 舞：《我们都是追梦人》	演员服装道具（含歌手）、节目伴奏音视频等	王茜	全面负责该节目 1. 安排演员按排练计划按时彩排 2. 督促演员按照指导老师要求改进练习	霍金棣、罗雪峰、王茜、王丽娜、占晓兰、展明明、代春艳、张东荣、任毅、周 良、徐瑞岗、刘洋宏
14	找差距——块板《反腐倡廉 你我同行》	演员服装道具、节目伴奏音视频等	刘盛	全面负责该节目 1. 安排演员按排练计划按时彩排 2. 督促演员按照指导老师要求改进练习	阳柳、王焯、邵剑、李娴静、王振国
15	抓落实——《新的战场》	演员服装道具、节目伴奏音视频等	张彬彬	全面负责该节目 1. 安排演员按排练计划按时彩排 2. 督促演员按照指导老师要求改进练习	石雅楠、闫俊竹、杨明、冯姗、林昕丽、闫宏飞、陈巧、高亚楠、何继凤、李雅婧、孙振航、李豪、万川、张金成、翟利源、马航、郭剑飞、赵泰
16	抓落实——《筑梦海外》	演员服装道具、节目伴奏音视频等	张淑洁	全面负责该节目 1. 安排演员按排练计划按时彩排 2. 督促演员按照指导老师要求改进练习	赵倩
17	诵经典——《中铁建设赋》	演员服装道具、节目伴奏音视频等	邵睿麒	全面负责该节目	牛勇皓、冯悦海、邵睿麒、黄家华
18	宣誓	暂定梅总领誓	李奔、刘帅超	1. 李奔负责旁白 2. 刘帅超负责职工代表（演员）舞台队列	舞台上队列人员名单
19	发善心	现场观众谈感受	刘帅超	全面负责该环节	发言人
20	合唱《我和我的祖国》	演员服装道具、节目伴奏音视频等	杨淇然	全面负责该环节 1. 安排演员按排练计划按时彩排 2. 督促演员按照指导老师要求改进练习	蔡玉、薛情、李思衡、向恒、杨淇然、项燕楠、富明月、陈辰、杨丽娟、汪媛媛
21	送吉祥	礼物制作、发放	组长：王晓斌 协助：郭瀚泽、刘帅超、樊星、 刘菁雅、方锐	1. 王晓斌负责礼物制作 2. 郭瀚泽负责包装设计 3. 刘帅超、樊星、刘菁雅、方锐负责门口发放礼品	

二、节目单

中铁建设集团有限公司
China Railway Construction Group Co., Ltd.

第一百五十讲·不忘初心 牢记使命

开场

情景剧：《不忘初心 兵魂永存》
表演者：李冠良、张登飞、刘　盛、李　伟、肖　枫
牛勇皓、周　良、吴帅奇、郭翔宇、周智慧
阚君成、朱哲博、徐瑞岗、任　毅、张东荣
刘洋宏、邵　剑、王振国、王　焯、过传乐
参　演：物业公司安保部、客服部

唱歌曲

齐　唱：《铁道兵志在四方》
表演者：白川龙、周丰收、耿元安、葛正祥、吴通法
田维六、崇新财、李爱芳、张贺民、许吉祥
李绍堂、王永全、张以忠、郭映才、苏　杉

学模范

守初心——不忘初心，方得始终
讲故事：《老兵的选择》
讲述人：成　航　（南方公司）

相　声：《满腹经纶》
表演者：梁庆丰、刘　聪　（华北公司）

担使命——勇担使命，引领未来
舞　蹈：《新时代高铁站房建设者》
表演者：苏　杉、江廷伟、韩　璐等　（基础设施事业部）

歌　舞：《我们都是追梦人》
演唱者：霍金棣、罗雪峰　（物资公司、装饰公司）
舞蹈者：王　茜、王丽娜、占晓兰、展明明
代春艳、张东荣、任　毅、周　良
徐瑞岗、刘洋宏　（房产中心）

中铁建设集团有限公司
China Railway Construction Group Co., Ltd.

学模范

找差距——检视差距，永葆先进
快　板：《秉初心 守廉心》
表演者：阳　柳、王　焯、邵　剑、李娴静、王振国（中南公司）

抓落实——狠抓落实，实干兴邦
歌舞剧：《新的战场》
表演者：石雅楠、闫俊竹、高亚男、何継凤、孙振航
杨　明、李　豪、万　川、林昕丽、闫宏飞
陈　巧、赵　泰、马　航、李雅婧、张金成
翟利源、郭剑飞（北京公司）

讲故事：《筑梦海外》
讲述人：赵　倩（国际事业部）

诵经典

主　题：《中铁建设赋》
表演者：牛勇皓、冯悦海、邵睿麒、黄家华
（华中公司、基础设施事业部、南方公司）

发善心

宣　誓：《企业在我心中》

歌　舞：《我和我的祖国》
演唱者：蔡　玉、薛　情、李思衡、向　恒
舞蹈者：杨淇然、项燕楠、富明月、陈　辰、杨丽娟
汪媛媛（基础设施事业部、建筑科技公司
南方公司、华中公司、装饰公司、物资公司）

送吉祥

总策划：李雅丹、王晓斌
主持人：宋　进、田　鑫、田方方、李　奔
文　字：郭翰泽、刘帅超、黄玉珊、梁庆丰、蒋　优、张淑洁
技　术：张　铮、邵睿麒、刘　盛、徐　波
执　行：张登飞、张彬彬、王　茜、樊　星、刘菁雅、方　锐
李　伟、杨淇然、牛勇皓、过传乐、阚君成、周智慧

三、主持词

主持人一：永不磨灭的番号，永不褪色的军魂。向军旗敬礼，一声嘹亮的口号响破天际，铁道兵们含着眼泪向军旗告别，不舍地脱下军装。军号如雷，鼓舞着我们矢志不渝的砥砺前进；英姿飒爽，刻画我们铮铮铁骨的军人雄姿！

主持人二：从热血筑路的铁道兵，到精心建造的中铁建设，我们始终坚持“听党话、跟党走”的光荣传统。中铁建设的发展历程与时代紧密相连，始终根据国家需要不断调整自身定位。虽然角色在变、时代在变，但不变的是为人民建筑美好生活的初心，不变的是铁道兵“特别能吃苦特别能战斗特别能奉献”的不朽精神！

主持人三：在全党上下全面开展“不忘初心牢记使命”主题教育之际，我们本期的道德讲堂将以“不忘初心、牢记使命”为主题，围绕“守初心、担使命、找差距、抓落实”四个要求，为您讲述中铁建设一路走来的发展历程。

主持人四：开展好不忘初心、牢记使命主题教育，就是要做到守初心要“诚”、担使命要“勇”、找差距要“准”、抓落实要“狠”。不忘初心、牢记使命是中铁建设文化的本质特征，也是激励中铁建设人不断奋斗的精神密码。40年来，我们的企业发生了翻天覆地的变化，但坚持听党指挥的军魂意识始终没变，坚持铁道兵精神的文化内涵始终没变，坚持攻坚克难的昂扬斗志始终没变。

…………

下面让我们一起来聆听故事《老兵的选择》。

…………

主持人一：守住初心、一生践行是中铁建设人最质朴的表白，做好一件事并不难，难的是一辈子都坚持好做好一件事。老兵们褪去戎装，坚守初心，和企业同呼吸共命运，用生命的温度铸就企业的高度。

主持人二：守初心就是要坚定信仰、坚定信念、坚定信心。习近平总书记强调：一切向前走，都不能忘记走过的路；走得再远、走到在光辉的未来，也不能忘记走过的过去。从铁道兵到企业员工，我们中铁建设人以初心致匠心，每座精品铸造的工程都是一首无言的诗，诠释着我们对工作与生活的赤诚初心。

…………

请听相声《满腹经纶》。

…………

《担使命——勇担使命》

主持人一：中国共产党的使命是早日实现中华民族伟大复兴，中铁建设人的使命是实现高质量的发展。牢记使命，勇于担当，意味着要我们要不断增强“四个意识”、坚定“四个自信”、做到“两个维护”。

主持人二：时代潮流，浩浩荡荡。伴随着国家“一带一路”倡议的提出，高速铁路发展又迈向新的高潮。中铁建设从2008年大举进入铁路市场以来，为“交通强国”建设立下汗马功劳。成为全国领先的建筑综合服务商，大型铁路站房建设的主力军。

主持人四：作为我国高铁站房建设主力军，中铁建设坚持以质量铸造精品，以信誉成就品牌的理念，截至目前，我们先后参建了全国36条铁路线上的117座铁路站房工程。33次获得鲁班奖，31次获得国优奖，52次获得中国钢结构金奖、全国建筑工程装饰奖和中国安装工程优质奖。

主持人三；就在上月，我们川藏青年突击队的旗帜高高飘扬在了3500多米的西藏南山区，标志着集团新中标的拉林铁路5座站房拉开了大干序幕。从彩云之南到雪域高原，生生不息的青春光芒映照着民族复兴的梦想。青春心向党，建功新时代。

下面就请欣赏道德传播志愿者带来的舞蹈《新时代铁路站房建设者》。

…………

主持人一：实现中华民族伟大复兴，是近代以来中华民族最伟大的梦想。习近平主席在2019年新年贺词中说“我们都在努力奔跑，我们都是追梦人。这份‘追梦’荣光，属于我们每一个人！我们每个人都是中国梦的参与者、书写者，都应当齐心协力，合力画好中华民族同心圆。”

主持人二：作为新时代中国青年，我们的使命就是坚持中国共产党的领导，同人民一道为实现两个100年奋斗目标，实现中华民族的伟大复兴的中国梦而奋斗。让我们以青春之名，为梦想奔跑。

下面就让我们跟随道德传播志愿者共同唱响《我们都是追梦人》

…………

主持人三：习近平总书记强调，党的自我革命就是一种清扫整理，我们每天都要刷牙洗脸、打扫卫生，洗盘洗碗洗衣服，党的建设也要做这些事情，有什么问题就解决什么问题，缺什么就要补什么，有的放矢，实事求是。

主持人四：中铁建设围绕打造“品质铁建”的目标，聚焦党建引领、战略发展、责任成本管理、市场营销、工程管理、企业文化等层面，深入开展调查研究，对调研发现的问题，做到“马上就改”，坚持“实”中求效。

主持人三：按照新时代中国特色社会主义思想和党中央决策部署，对照党章党规，对照人民群众新期待，我们企业也要找找差距，找一找制约企业发展的瓶颈问题，深入开展调查研究，找准问题，找准差距，全面加强整改，务求实效。

主持人四：多年来集团党委不断加大对党风廉政建设的领导和支持，集团纪委压实责任不缺位不越位，督促职能监督从“乏力”变“有力”，以专责监督推动职能部门主体监督责任落实落细，为推动中铁建设高质量再发展贡献了力量。

下面请听音乐快板《守初心秉廉心》。

…………

《抓落实——狠抓落实实干兴邦》

主持人一：初心需要落实实现，使命需要落实完成。为了落实习近平总书记“六个力量”的重要论述，中铁建设紧跟股份公司海外优先战略，构建“1+N”模式，先后在马来西亚、巴新、俄罗斯中标了多个项目。中铁建设人扛起建造海外精品，树立企业品牌的使命，义无反顾地投入到一带一路的建设大潮中。

下面请欣赏道德传播志愿者带来的节目《新的战场》。

…………

主持人二：习近平总书记强调，空谈误国，实干兴邦。40年来，中铁建设狠抓落实，发扬使命必达的“铁军精神”，以科技创新引领行业发展，深入推进“四驱联动”，施行“一张表”管理，严控“三个不允许”，实现“四个建造”，创造了房屋建设领域一个又一个奇迹。一分部署，九分落实。在国家“走出去”战略引领下，中铁建设树立世界眼光，在更高、更广阔的平台上参与建设，勇做国家战略的引领者和践行者！

下面请听故事《筑梦海外》。

…………

主持人三：中华传统文化源远流长，独具魅力。增强文化自觉和文化自信，是坚定道路自信、理论自信、制度自信的应有之义。习近平总书记指出：文明特别是思想文化是一个国家、一个民族的灵魂。一个稳固可持续发展的企业离不开企业文化的精神命脉。

主持人四：中铁建设以文强企、文化养企，开展了系列企业文化活动，充实、陶冶了企业员工的文化情操。怀揣着对企业的赤诚热爱，我们的员工创作出了中铁建设赋，致敬古典文化，致敬建企四十年。

下面有请道德传播志愿者带领大家一起诵读经典。

…………

《中铁建设赋》

主持人一：发善心

…………

现场采访（公司领导、铁道兵中层干部铁二代）。

通过大家的分享，作为铁道兵的后代的自豪感油然而生，我们更加有底气传承我们的红色基因，我们也更加有实力建设好我们的祖国！

下面请与道德传播志愿者共同唱响《我和我的祖国》。

…………

主持人一：歌唱祖国，是我们永恒的旋律；

主持人二：歌唱祖国，是我们义不容辞的责任；

主持人三：优美的旋律，奏响中华民族伟大复兴的乐章。

主持人四：翩翩的舞姿，让我们一同展望美好未来，讴歌新时代的壮丽辉煌！

主持人一：中国共产党人的初心和使命，就是为中国人民谋幸福，为中华民族谋复兴。

主持人二：中铁建设的初心和使命是做强做优做大企业，让企业职工拥有更多的获得感和幸福感，实现企业高质量的发展！

主持人三：让我们不忘初心，牢记使命。立足本职岗位、不断开拓进取、与企业一道共同成长！

主持人四：在这里祝福我们的祖国繁荣昌盛；

主持人一：祝福我们的企业再创新辉煌；

主持人二：祝福每一位来宾生活安康；

主持人三：工作顺利；

主持人四：吉祥如意！

主持人一：朋友们，蓝图已经绘就，让我们在打造品质铁建的新征程中，找准自己的人生目标，一起——

合：奔跑逐梦！

主持人二：我们为到场的来宾准备了一份送吉祥的礼物——中铁建设建企40周年纪录片，请您到工作人员处领取，感谢您的热情参与。

主持人三：到这里本期道德讲堂就要告一段落了，我们期待与您的下次相聚。

主持人四：让我们下期——

合：再见！（挥手）

四、图片资料

情景剧《不忘初心、兵魂永存》

活动主持人

老铁道兵带领全体观众共同唱响《铁道兵志在四方》

演讲《老兵的选择》

相声《满腹经纶》

快板《秉初心守廉心》

歌曲《新的战场》

讲故事《筑梦海外》

梅洪亮领誓《企业在我心中》

歌舞《我和我的祖国》

送吉祥环节：赠送与会来宾每人一份吉祥的礼物——中铁建设建企40周年纪录

五、要点说明与解读

（一）要点说明：本期要点主要围绕“守初心、担使命、找差距、抓落实”四个主题，展现道德讲堂的魅力。

（二）要点解读：

1. 诚守初心：每当在工作上遇到困难，遇到疑惑，我们都会问自己，我们的初心是什么？回首人生，每当面对重要的转折和关口，我们都会放慢脚步，回想一路走来的那份初心，坚定信念，继续执着地走下去。守初心，就是要牢记理想，坚定信念。理想信念，是共产党人的精神之钙，是思想之舵，没有理想信念的干部，必将终日浑浑噩噩，碌碌无为，不明其所向，不知其所止。每个共青团员的初心，就是让祖国变得更强大，具体到自己的工作岗位上，就是对待工作要兢兢业业、坚守初心。

2. 牢记使命：使命就是责任，使命更是担当。牢记使命，就是要求我们肩负着对党忠诚、为国奉献、为民造福的政治责任，肩负起时不我待、只争朝夕的历史担当，肩负起埋头苦干、吃苦耐劳的责任担当。对于新时代的中铁建设人，我们在平时的工作中不但要立足本职工作，更要主动承担责任。牢记使命，勇于担当，意味着要我们要不断增强“四个意识”、坚定“四个自信”、做到“两个维护”。中铁建设从2008年大举进入铁路市场以来，为“交通强国”建设立下汗马功劳。在发展的道路上我们从未有过退却，勇担使命，牢记初心，正如习总书记所说：“我们都在努力奔跑，我们都是追梦人。”这份“追梦”荣光，属于我们每一个人！我们每个人都是中国梦的参与者、铸造者。

3. 瞄准差距：寻找差距，正视差距，能取长补短，对标先进，学习榜样，身为青年的我们更应如此，向老一辈共产党人学习，踏实学习、刻苦努力。先进是旗帜，代表了方向；榜样是资源，凝聚着力量。要把榜样当作方向，自上而下激励起奋勇前进的动力；要把榜样当作目标，凝聚起大干一场的磅礴力量。在平时的工作中，我们要按照“四个对照”要求，对照习近平新时代中国特色社会主义思想和党中央决策部署，对照党章党规，对照人民群众新期待，对照先进典型、身边榜样，与这“四个对照”要求对比找差距。对照习近平新时代中国特色社会主义思想，我们要学深、悟透、入脑、入心，要学习这一新思想活的灵魂，学以致用，我们做到了没有；对党中央决策部署，我们贯彻落实的怎么样，有没有说一套做一套？对照人民群众新期待，我们是否把为员工排忧解难放在首位？我们不能遇到问题绕着走、遇到困难躲回去、遇到担责就推责，我们要对工作信息要高度敏感，工作要说了就办，办就办好，抓住问题不松手、遇到问题不过夜，主动用高标准、严要求来面对工作。我们廉政教育是否落到实处？我们的施工进度是否达到要求、令人满意？我们的成本效益管控是否仍有改进空间？许多的差距就是在不断的探索和实践中找到的。遇到差距，我们要有正视它们的能力，要有攻克它的决心，要有高昂的意志，要有努力的决心，把差距减少，把效率提高，给企业和社会交上一份满意的答卷。

4. 狠抓落实：空谈误国、实干兴邦。守初心、担使命、找差距，关键在抓落实，如果落实抓不好，其他三者就失去意义。如何抓落实？一是要踏踏实实抓：喊破嗓子不如甩开膀子。要把学习习近平新时代中国特色社会主义思想转化为干事创业的行动，把初心和使命转化为工作动力，加强党性修养，精准把握主题教育的核心内容，严格落实主题教育的学习进度和成果。二是抓落实要仔细：排查问题要列出清单，因为细节决定成败；对自身问题要敢于揭短亮丑，要刀刃向内，敢于斗争，从细微处入手，见微知著。三是要举一反三：要跳出问题看本质，要有发散性思维，以小见大，通过一个问题找出一系列的问题；对于找出来的问题，要坚决整治、绝不手软。四是要持之以恒：面对主题教育查出的问题，要即整即改，切实转变工作作风。对暂时不具备条件改的，要创造条件、待时机成熟立马整改；主题教育的落实是个长期的、动态的过程，要常抓不懈，久久为功，切忌半途而废。

第一百五十六讲　品质

一、策划方案

（一）活动时间：2020年1月9日。

（二）活动地点：中铁建设大厦3层报告厅。

（三）参加人员：外部媒体、合作单位、股份公司领导、中铁建设领导和职工等。

（四）活动主旨：优质工程是由具有优良品格的人建造的。

（五）活动方式：晚会演出，舞台剧。

（六）现场直播：全公司范围内直播互动。

（七）节目策划

1. 情景剧《精品人品同在》：以狄春锋厦门北站救火故事为主线，贯穿全篇，其间辅以收款斡旋、成本管理、育人建设等场景，展现狄春锋善良无畏、精益求精的精神品质以及其对精益建造、绿色建造、人文建造的追求，展现集团公司优质的工程是由一批具有优良品格的人所建造的企业文化。

第一幕：以舞蹈编排形式再现狄春锋厦门北站救火场景。

第二幕：以狄春锋与甲方领导为主线，还原收款斡旋细节。

第三幕：以物资采购事件为起点展现狄春锋成本管理思想。

第四幕：以项目情侣斗气场景展现集团公司人文建造文化。

第五幕：甲方突击检查下揭示狄春锋救火故事，呼应首幕。

2. 情景剧《新时代铁路站房》（诚信创新永恒）：讲述了中铁建设团队为建设新时代精品铁路站房星火站、拉林站所面对的各类困难及所做的顽强斗争，承诺完成的任务不论多么艰难都一定完成。同时将站房建设与当地文化有机融入，展现中铁建设智慧建造、人文建造的精髓以及站房建设者为集团公司高质量再发展而奋斗的初心和使命。

星火站（诚信、坚毅）

第一幕：拔线交工前夜，技术员与项目经理攀谈验收交工后请假事宜，伏笔工期紧张境况。

第二幕：以解决现场突发照明问题表达如期交工决心。

第三幕：交工前7小时，工人抱怨离场，管理人员顶上。

第四幕：交工前6小时，5队人马集结待命，决战验收。

第五幕：交工前4小时，质量检验不合格坚决返工，前3小时，调派罐车以完成任务，前2小时，顺利验收交工。

拉林站（文化融合）

第一幕：展示站房团队启程赴藏场景。

第二幕：以誓师动员大会揭示项目献礼山南的深刻意义。

第三幕：展现项目团队面对施工困境迎难而上的情景。

第四幕：3名员工陈述工作决心并以藏族舞蹈结尾。

3. 游戏抽奖（活跃过年）

形式：以微信抽奖小程序为载体，扫码参与摇一摇抽奖，共分上下两个半场，分别抽出三等奖、二等奖与一等奖、特等奖。

奖项设置:（1）特等奖：名额1个，奖品平板电脑。（2）一等奖：名额2个，奖品运动手表。（3）二等奖：名额3个，奖品蓝牙耳机。（4）三等奖：名额5个，奖品移动硬盘。

4. 8·30专访

邀请“8·30”活动过程中表现突出的4名代表，以现场访谈的形式，讲述其收款事迹与优秀做法，通过对活动感人事迹和优秀经验做法的分享宣传，从而达到激发动力，传递压力的作用，有效推进清收清欠及“两金”压降工作，打赢提质增效攻坚战。活动穿插于抽奖活动的上下两个半场之间。

5. 发善心

播放短片《你笑起来真好看》，短片内容为集团公司各单位代表人员的工作笑容，展现中铁建设人面对困难迎难而上，以勇气、脚踏实地和微笑面对挑战的精神品质。

6. 送吉祥

为现场嘉宾送去吉祥物《行动日志》，旨在激励大家在新的一年发扬一件事接着一件事去干的务实品质，将行动计划落实到笔头上，达到管理时间、有效总结和持续改进的目的。

二、节目单

道德讲堂
——中铁建设集团——

第156期·品质

学模范

精品人品同在

情景剧：《品格》
表演者：周　良、赵忠诚、吴宇飞、邹　博、刘洋宏、马琪轩、于泽鑫
顾　阳、李　星、江　上、郭　宇、郑加斌、张爱群、黎耀升
邓志城、陈金根、于星星、霍金棣、马　浩、张德凯、韩博智
屈　悦、黄清亚、王斯湲、马明浩、徐　辉、郭春山、李　志
强　伟
（南方公司、北京公司、物资公司、装饰公司、设备安装公司
物业公司、建筑设计院）

诚信创新永恒

情景剧：《前夜》
表演者：刘洋洋、李　阳、王　猛、韩　明、姜虹吉、姜　亮、蒋谭伟
孔金成、李冒清、李健雄、李金柱、陈逸群、郭芝明、王　海
魏泽坤、王长帅
（基础设施事业部、设备安装公司、装饰公司）

情景剧：《西藏你好》
表演者：张晓亮、杨　良、徐　瑶、程　龚、任宏卫、韩　明、王长帅
王　海、蒋谭伟、魏泽坤、苏　杉、刘方芳、杜梦巡、柳佳金
薛飞蝶、许维琦、牛卫兵、李井蒸
（基础设施事业部、设备安装公司）

“8·30”专项行动访谈

采访人：葛　平
嘉　宾：李冬生（8·30专项行动指挥部副指挥长）、唐小平（华北分公司）
庞　萌（中南公司）、王　智（南方公司）、杨巾人（中南公司）

发善心

观看短片《你笑起来真好看》

送吉祥

《行动日志》

总策划：李雅丹、李　奔、李　伟
主持人：葛　平、王一多
技　术：邵睿麒、牛勇皓、钟彦琪
执　行：张彬彬、苏　杉、杨淇然、方　锐、王　茜、樊　星
田　鑫、王晓斌、郭翰泽、刘　盛、徐　博、邹　博

特别鸣谢单位

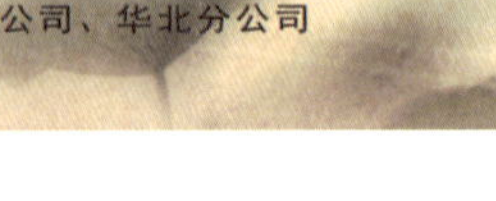

建筑科技公司、北京公司、基础设施事业部、南方公司
物资公司、装饰公司、设备安装公司、物业公司
建筑设计院、华中分公司、中南公司、华北分公司
北京投资建设指挥部

三、主持词

1. 现场采访（主持人台下准备）

男：现场以及正在通过网络收看直播的观众朋友们大家好，欢迎大家来到道德讲堂活动的现场，我是主持人王一多。在我们的活动正式开始之前，首先要和现场的观众朋友们进行一个小小的互动，也是为我们今天的活动热热身。

女：用品质点亮幸福，用奋斗点亮新时代。大家好，我是主持人葛平。我们今天道德讲堂的主题叫作“品质”，集团公司领导班子更是提出了优质的工程是一批具有优良品格的人建造出来的。回眸2019年，集团公司再次以靓丽的业绩精彩收官，我们的主要经济指标再创历史新高，营业收入实现了“三连跳”。

男：既然提到了“品质”，我们的高品质工程离不开高品质建设者的创造，更离不开高品质的管理，今年我们更是荣获了2项鲁班奖，5项国优奖，全国百家“中华人民共和国成立70周年功勋企业”，可以说是收获满满。

女：梦想升腾，天地日新。这是一个中华民族大发展大作为的时代，是每一个奋斗者都能够梦想成真的时代。今天在现场就有许许多多的筑梦人，他们为了实现梦想，把奋斗作为最有力的回答，经历了艰辛的拼搏，付出了辛勤的汗水。现在在我身边的就是来自……

（采访环节，人物、问题待定）

⊙采访对象是项目经理的问题：

① 作为施工一线的建设者，您的“初心”是什么？

② 今年对于集团公司是收获满满的一年，那么您觉得作为项目上的管理者，打造优质工程的核心是什么？

⊙采访对象是老铁道兵的问题：

① 您觉得铁道兵精神在具体工作上应该如何体现？

② 进入新时代您对新员工有什么嘱托？

⊙采访对象是新员工的问题：

① 刚来到工地最初的感觉是怎样的？

② 对于未来的工作有什么打算？

2. 情景剧：《新时代铁路站房》——狄春峰

男：感谢现场来宾的分享，2020年是全面建成小康社会和“十三五”规划的收官之年，中华民族的千年梦想，将在我们这一代人手中实现。

女：是呀，幸福不会从天而降，梦想不会自动成真。作为中铁建设人，在新的征程上，我们需要激发奋斗不止的精气神，展现追梦人的新作为。接下来就请大家把目光聚焦在舞台上，观看几个发生在我们身边小故事，看看我们的筑梦人是如何在工作岗位上实现中铁建设梦的。

男：在欣赏精彩的节目之前，我们将在本次活动中，同步开启网络直播。大家可以扫描会议议程单上的二维码，或进入中铁建设官方微信，在活动预告中跳转观看，还可通过留言互动赢取精美奖品。接下来就请您欣赏由狄春峰带来的情景剧《新时代铁路站房》。

3. 游戏环节、8·30专访

（两个情景剧表演结束）游戏环节（主持人上台）

男：感谢道德传播志愿者带来的精彩表演，习总书记说过：“一个有希望的民族不能没有英雄，一个有前途的国家不能没有先锋。”在中铁建设还有很多像狄春峰似的人物，他们建造了无数个精品工程，成就了中铁建设的辉煌历史，他们在中铁建设甚至新中国的发展史上熠熠生辉。

女：没错，他们来自不同单位、不同岗位，不仅创造了十分可观的物质财富，也积淀传播了万分宝贵的精神财富，是践行中铁建设文化的优秀代表。那么在欣赏了精彩的情景剧之后呢，将进入到我们今天紧张刺激的游戏环节。

男：现场的观众朋友们您可以通过扫描屏幕或议程单上的二维码，参与我们的活动。正在通过网络收看直播的观众朋友们您可以通过中铁建设官方微信加入游戏和抽奖环节，同样可以赢取精美的奖品。

女：好的，现在我们的工作人员已经把现场大屏幕接入到游戏环节了，请大家快快参与进来吧。

（游戏环节开始，几轮待定，每轮奖品是否介绍待定。）

（游戏环节结束，接8·30专访视频，主持词待定。）

4. 抽奖环节

8·30专访视频结束，进入抽奖环节（主持人台下准备）。

男：在刚刚进行的微信小游戏环节呢我想大家还没有玩得尽兴，您别着急，接下来就将进入到更加刺激的抽奖环节了。

女：在抽奖环节里，我们将邀请在场的各位领导，分别抽取……名幸运观众，各赠送精美礼品一份。再次提醒大家，一定要扫描屏幕或议程单上的抽奖二维码，参与我们的活动。

男：下面，我将邀请×总，为我们抽取第1轮幸运观众，他们将获得由……赞助的……。×总，您说“开始”，我们的抽奖系统将开启，您说“停”，抽奖结果将显示在大屏幕上。

…………（抽奖）

感谢×总。幸运观众已经产生，他们是……

女：下面，有请×总继续为我们抽取幸运观众。

…………（抽奖）

感谢×总。幸运观众已经产生，他们是……

男：以上中奖观众可在会后，凭本人微信前往集团公司党委工作部领取奖品。

女：正在通过网络收看大会的朋友们，您可以关注中铁建设官方微信，积极参与互动留言，同样有机会赢取奖品。

5. 发善心

男：在刚刚的游戏和抽奖环节中，我看到现场的观众朋友们全都笑容满面的十分开心，我想我们无论身处任何岗位都应该面带笑容挥洒汗水，我们无论遇到任何困难也都应该面带笑容积极面对。

女：是呀，我们也常说爱笑的人运气都会很好，接下来就请您欣赏一个短片《你笑起来真好看》，让我们一起来看看中铁建设人在工作时的笑容吧。

…………（播放短片）

6. 送吉祥

短片结束，主持人上台讲结束词。

男：奋斗的画笔，挥洒出梦想的华彩。

女：挥别2019，迎来2020，历史的地平线上跃动着新的曙光。

男：新年的到来，我们也将为现场的每一位来宾送上一份吉祥的礼物。

女：企业的愿景需要我们每一名中铁建设人来实现，人生的蓝图与梦想需要我们用心来规划。

男：不积跬步，无以至千里;不积小流，无以成江海。这个小礼物叫作《行动日志》，希望您从每一天开始行动起来，拿起梦想的画笔，绘就属于自己的人生画卷。

女：追逐梦想，我们勇毅笃行。

男：叩问初心，我们任重道远。

女：让我们只争朝夕，不负韶华，共同迎接2020年的到来。

男：中铁建设的昨天已经写在史册上，中铁建设的今天正在千万筑梦者的手中创造，中铁建设的明天也必将——

合：更加美好！

女：本期道德讲堂到这里就要告一段落了，我们期待与您的下次相聚。

男：在这新年来临之际，让我们一起祝福大家。

合：新年快乐！

女：朋友们，再见！

男：再见！

四、剧本

1. 拍摄安排《笑起来真好看》

北分机电一天拍摄：机关10人，环球影城10—20人，大悦城10人，衙门口10人，王府井10人。总负责：张彬彬。

基础一天拍摄：机关10人，星火10人，东铁营10人。总负责：刘芳芳。

房地产青龙湖拍摄：20人。总负责：郑旭。

集团公司拍摄：10人。暂定。

安排南区混凝土拍摄：南区拍摄10—20人。总负责：胡宁宁。

创业大厦房产拍摄：安排机电、物资、装饰、基础40人。总负责：王茜。

2. 演职人员

（1）试验机器人

（2）演员：

青年狄春峰，吴宇飞饰演；壮年狄春峰，黄家华、冯悦海饰演。

情侣，李伟、苏杉饰演。

集团领导、小张，2个群演。

男演员2人、材料负责人、后勤负责人、技术负责人3人。

（3）舞蹈演员：

狄春峰:12人舞蹈演员，装饰9人5男4女，机电2男，设计院5男，房产3男，北京指1人

铁路：12人舞蹈演员，苏杉

8·30行动：10人舞蹈演员，张彬彬

3.《品格》

根据在华南分公司第46项目部广西大学君武文化艺术教育中心工程（EPC）项目经理狄春峰事迹艺术加工。

全剧共六幕：救火、论文、谈判、选择、成本、恋爱、参观。

人物：狄春峰、8名舞蹈演员、师傅、后勤负责人、材料负责人、技术负责人、恋爱男女、政府领导、甲方领导。

道具：机器人、消防栓、办公桌椅2套、图纸、笔记本电脑、百元钞票、安全帽10个（其中5个不带中国铁建LOGO）。

第一幕：救火

布景 工地

人物：小白、狄春峰、部分员工（舞蹈演员）

道具：机器人、消防栓

黑灯

小白走向舞台中央（追光）

小白：大家好，我是小白，经过多名科学的点拨指导，我终于学成归来，准备到中铁建设看看能不能谋个差事！我最大的特点是能说会道、幽默可爱，并且可以不吃不喝。另外，我勇敢顽强，再大的事在我面前都是小事，因为在我们面前就没有过不去的火焰山。

轰一声，在小白身后起火，瞬间，火声风声交织在一起。

小白闻声撒腿就跑。

音乐响起，舞蹈演员上场。

舞蹈演员跳救火情景，狄春峰（年轻时模样）上场，走在最前面，与舞蹈演员一起舞动，几个动作之后，狄春峰从地上捡起消防栓和舞蹈演员一起舞动。

大火熄灭了。

舞蹈演员退场。

狄春峰走到舞台一侧，捡起放在地上的安全帽，做了一个杂技式的戴帽方式，然后离场。

第二幕：论文

布景　办公室

人物：狄春峰、师傅、3名同事（小李、小张、小王）

道具：办公桌椅、图纸、笔记本电脑

狄春峰在办公室里工作，不时打电话，翻阅文件，上网查询资料，师傅从舞台左方缓缓走来。

狄春峰看到后立刻迎了上去。手里拿着设计图纸。

狄春峰：师傅，我这正好有几个问题想请教您。

师傅看向狄春峰，面露微笑。

师傅：什么事?

狄春峰：师傅，咱们这次的水暖排管为什么在进入小区分楼分户的时候要这样设计呢？

师傅：你有什么好的意见？

狄春峰：师傅，我觉得如果采用“可拆式”圆形套管预留洞的方式，咱们这个铺设会不会更好一点。

师傅：啊！我来看看。

师傅拿过狄春峰的图纸，随后来到办公室，师傅给狄春峰讲解图纸设计的原理。

狄春峰：师傅，最近大师兄在写什么呀？

师傅：他在写发表在杂志社的文章呢，你也可以写一篇呀？

狄春峰：嗯，我写什么呀师傅？

师傅：就写这次海润国际公寓第38项目部担水暖管道铺设设计。

狄春峰：我能行吗？

师傅：怎么不行，这次的“可拆式”圆形套管预留洞提议就很不错嘛，你就以这个写个论文。

狄春峰：行，谢谢师傅。

狄春峰转头坐在办公室开始写论文，师傅走过来，跟师傅讨论分析，同事走了过去，狄春峰向同事请教……

大家都下班回宿舍，他继续挑灯夜战。

LED屏幕连续播入太阳升起落下的画面（意思是一段时间后）

狄春峰正研究图纸，同事手拿一本《给水排水》杂志，欣喜不已地从舞台左方飞奔而来。

小李：狄春峰，狄春峰，你的文章刊发啦！

狄春峰立刻站起身来迎接同事，拿起杂志翻看。

小李：你可真了不起，第一次写论文就能在国家核心刊物发表了。你得请客！

狄春峰：没问题，过会晚饭时我请大家吃火锅。

这时，师傅笑眯眯地从舞台一侧走来。

师傅：小狄出息了！

小张：师傅，您也知道消息啦？

师傅拿出杂志。

师傅：这不写着嘛，国家级核心期刊《施工技术》杂志发表：海润国际住宅工程中新型水暖管材安装施工，作者狄春峰。

小王：天呢，两篇！你发表了两篇！双喜临门呀。

狄春峰：那也是大伙儿和师傅的功劳，要没有你们的指导，我哪能一下子写的出两篇呢。

小李、小张、小王：那火锅我们可不客气了。

狄春峰：现在到下班时间了，咱们出发！

灯光暗下。

旁白：狄春峰不仅在施工技术方面爱学习、爱钻研，而且在资质证书方面也收获颇丰，为了备考一级建造师，他利用业余时间每天学习时间不少于4小时，通过半年的努力学习和参加集团公司组织的培训班，以高分全科通过的好成绩考取了一级建造师。

第三幕：谈判

布景　办公室

人物：狄春峰、甲方领导、同事

道具：办公桌椅、手机

狄春峰坐在办公室办公。

手机响起

狄春峰：喂！

手机：老同学，听说你荣升项目经理了，祝贺你！

这时，一位同事急匆匆地从舞台左方飞奔而来，气喘吁吁。

狄春峰：谢谢谢谢，还需努力！我这里有事需要处理，回聊！

狄春峰挂掉电话问同事：怎么了？

同事：狄经理，我们的临设材料车又被当地社会人给截住了！

狄春峰立刻站起身来向外走去。

狄春峰：走，看看去。

同事：诶。

二人转身离去

旁白：由于地处偏僻，工程位于临高县与澄迈县交界处，进入施工现场的入场道路几近于无，周边社会环境复杂，村民吸毒人员多，部分村民为了能参与工程施工经常发生内部打架斗殴，枪击（土枪）事件发生两起。狄春峰既要参与解决这些社会问题，又要解决项目进场中发生的问题，每天走路几万步，不是运动员，却胜似运动员的运动量。

狄春峰一只脚穿着脱鞋，一只穿着皮鞋，一瘸一拐走向舞台，这时，甲方领导迎面走来。

甲方领导：狄经理，这是什么造型呀?

狄春峰：别提了，这不争气的鞋把我的脚给磨破了。

甲方领导：看来是要给你放放假了！我也就实话实说吧！

狄春峰：怎么了?

甲方领导：工地这种现状你也看到了，我们公司决定将土地整体转让，我过来是和你商量你们退场的事宜。

狄春峰：以大局为重，我们服务安排，但费用……

甲方领导：您先退场，之后我们根据流程走。

狄春峰站住后看向甲方领导。

狄春峰：领导，你这么大的工地，地方又偏僻，也没人守着，我这群兄弟别的本事没有，守工地那绝对尽职尽责，这样，我们再给您守一个月。

甲方领导：别别别，狄经理，我想听听您的意见。

狄春峰：退场没问题，不过得配合我们提供整个项目所需资料，还有结算的事情，必须按照合同要求执行，不能借故拖延。

甲方领导：狄经理呀！你真能算计！走吧，去签协议吧！

旁白：2014年6月30日签订退场结算协议，2014年7月底把现场及资料移交给甲方。为按时收回全部结算款，狄春峰去甲方领导办公室蹲点，与甲方领导同时上下班，中午吃盒饭，经过三个月的努力，最终于2014年11月4日收回全部结算款130多万。

第四幕：选择

布景　工地大门外

人物：狄春峰、同事、两支劳务队（8人）

道具：百元钞票

在舞台一侧

同事：狄经理，有两支劳务队伍来谈合作，在大门口，您去选择一下吧！

狄春峰：好的。

然后，随同事从舞台一侧走几步，看到两支劳务队伍。

两支劳务队，分两组，分别穿不同颜色的衣服，戴不同颜色的安全帽，分别跳支舞（鬼步舞）。

一支队伍，跳舞整齐，步调一致。跳完舞后，发现地上有一张百元大钞，捡起之后，他们相互礼让，都说不是自己的，谁也不要，最后把钱放入了捐款箱。

另一支队伍，舞跳得不但不整齐，而且都在相互推诿，推卸责任。

狄春峰了通过这些小事，选出了合适公司的劳务队伍。

黑灯，演员离场……

第五幕：成本

布景　办公室

人物：狄春峰、后勤管理负责人、材料管理负责人、技术管理负责人。

道具：办公桌椅2套，安全帽2个

材料负责人：狄经理，最近我们考察了一家材料公司，品质不错，价格也合适，您看能定吗？

狄春峰：不能，所有的采购都要货比三家，要比品质，比价格，比诚信，这是原则。

材料负责人：明白了！

狄春峰：今天大家都在，我多强调几句。后勤部！

后勤管理人员：到！

狄春峰：临设要因地制宜，突出功能和特点，但能省则省；工程室！

工程室负责人：到！

狄春峰：现场材料坚决杜绝浪费。技术部？

技术负责人：到！

狄春峰：钢筋下料前，你们一定要审核钢筋下料单！材料室！

材料室负责人：到！

狄春峰：打混凝土前，你们一定要带劳务队材料员把套筒、步步紧等多余的材料都清理一遍。打混凝土时，每车混凝土必须过磅，确保进场不亏方。

材料室负责人：是！

狄春峰：大家分头行动！

旁白："没有亏损的项目，只有亏损的管理"的理念，这是狄春峰常挂在嘴边的一句话。在华南分公司第46项目部海创·梦中心工程，狄春峰项目管理，成本管控都运用得炉火纯青，该项目终竣工验收后1个月完成全部结算手续，且利润非常可观，利润率为18%。

旗舞（舞蹈演员上台，站到指定位置，单膝跪地，手持印有中铁建设字样的旗子，待旁白结束后，亮灯，舞旗1分钟，退场）

第六幕：恋爱

布景　广西大学君武文化艺术教育中心工程施工现场图

人物：恋爱中男女（2人）

恋家男女跑向舞台中央，女在前有点不高兴，男在后追

恋爱男：小婷，你别跑，你听我解释。

恋爱女：解释什么？和你恋爱三个月了，第一次约会，你竟把我约在工地上，咱们还是算了吧！

恋爱男：别呀，你听我把话说完，看到正在建造的这个剧场了吗？将来就

是广西大学标志建筑，这就是我和我的同事们的杰作！

恋爱女：你不是说你在央企工作吗？怎么在工地上干活？

恋爱男：错！我们经理说了，我将来一定能成为一名优秀的工程师！

恋爱女：你们经理凭什么这么肯定？

恋爱男：凭什么？我们经理可牛了！他干的所有项目都是优质工程，给公司创效，给城市添彩，我非常佩服他。我们经理说我们是铁道兵精神的传人，中铁建设就是培养优秀工程师的摇篮，优秀的企业一定能培养出优良品的人，我一定会你让幸福的！

恋爱女：行了，别贫了，我爸就是铁道兵转业的，我信你还不行吗？还不带我去参观一下你们的杰作？

恋爱男：走……

第七幕：参观

布景　广西大学君武文化艺术教育中心工程施工效果图

人物：地方领导，狄春峰

道具：办公桌椅、安全帽、图纸

狄春峰正坐在办公室研究图纸，施工员小张气喘吁吁跑进来

施工员小张：经理，政府的领导来了！

施工员小张话音刚落，政府领导一行3人边走进来

政府领导：你就是狄经理吧！听我女儿说广西大学这边有个项目经理很牛，干的所有的工程都是优质工程，今天正好路过这里，过来看看你们是怎么优秀的，没打扰你们工作吧！

狄春峰：没、没、没，感谢领导关注我们，我带您先去现场参观一下吧，请领导给提出宝贵意见！

狄春峰说着拿起安全帽做了一个他标志性的戴帽动作

政府领导：等等，你戴帽子的动作，让我想起了一个十几年前在……在……在厦门遇到的小伙子！

狄春峰：厦门，我也在厦门北站工地上工作过。

政府领导：对，就是厦门北站，一个不顾自身安危救火的小伙子！

狄春峰：领导也知道厦门救火的事……

政府领导：难道是你？小狄！

狄春峰：嘿嘿，领导记性真好！

政府领导：我信了，这回我真信了，像你这么具有优良品格的人一定能干大事，你干的项目一定是优质工程！走，带我去参观一下你们的杰作去……

政府领导：好！好呀！这才是铁道兵精神的传人应该干出的优质工程！！！

铁道兵志在四方音乐响起……

4.《前夜》

一分钟视频，讲述进场以来的攻克的难关，取得的成绩。

第一幕

布景　办公室

人物：王伟、刘彦涛

道具：办公桌、安全帽

屏幕：表针指向9点，字幕为距离拔线前交工还有8小时。

办公室里，王伟正在看图纸，刘彦涛走了进来，

刘彦涛：挺过8个小时，我们就可以松口气了！王总，我提前向您打个招呼，过了明天，我想回趟家，对家人弥补一下，春节不能团圆的遗憾。

王伟：行行行！完成任务好好给你放几天假！走，咱们去现场看看，一定要确保万无一失！

第二幕

布景　工地现场图片

人物：王伟、蒋亚明、刘彦涛、李阳、劳务1队、劳务2队、劳务3队、劳

务4队、劳务5队、监理、罐车司机（6人）、泵车司机1人

道具：手电

蓝光

王伟与刘彦涛走到工地现场

王伟：站房的照明是怎么回事？

刘彦涛：我给李阳打电话。

王伟：不用了，我来打！喂！李阳，站房的照明不够，请你派马上解决这个问题，如果耽误了明天早上的交工，我拿你是问！

6名电工（演员）迅速上场，王伟指挥电工架线，接线，安灯，送电，灯亮！

大屏出表指针10点，字幕距离拔线前交工还有7小时。

站房内灯火通明，钢筋工绑扎钢筋，木工支模板，泥工打灰。

王伟：请大家坚持几个小时，马上就能看到胜利的曙光了！

工人甲：王总，抱歉，实在顶不住了，我这眼睛、手和腿都不听使唤了！我撤了！

工人乙：王总呀！您和甲方请示请示，能不能把工期往后拖延几天，我实在顶不住了！我也撤了！

工人丙：王总呀！我们这200多人已经这样干了三天三夜了，就算是个机器也得让休息一不，为了我这小命，我也撤了！

舞台上的几名员工都撤场了！刘彦涛伸手拦大家！

刘彦涛：别走呀！再坚持几个小时，就好了！

工人丁：你们再想想别的办法吧！我们实在顶不住！

这时现场还剩下两名员工继续工作，其中一个对王伟说：王总，现在就我们这几个人就算累死也完不成任务呀！您还是想想办法吧！

刘彦涛：王总现在怎么办？

王伟：咱们不是还有四支队伍吗？让他们在这里来集合！

刘颜涛：王总，咱们之前可是对5支队伍进行过分工的，这最后一段就应

该是5队来完成的，其他4支队伍也不熟悉这块的任务呀？

王伟：不是还有你和我吗？还有咱们所有的管理人员，让他们全部到位，赶快通知他们吧！

大屏出表指针11点，字幕距离拔线前交工还有6小时。

其他4支队伍陆续上台

王伟：1队！

1队负责人：1队303人到！

王伟：2队！

2队负责人：2队296人到！

王伟：3队！

3队负责人：3队301人到！

王伟：4队！

4队负责人：4队208人到！

5队负责人：还有5队200人到！

王伟：你们不是回去休息了吗？

5队负责人：大家伙都来了，为了咱们星火站的荣誉，我们拼了！

王伟：感谢兄弟们！我王伟这里有礼了（鞠躬）！5个队各负责一段，钢筋工、木工、泥工、塔司，开工（大声喊，拉长音）！

大屏出表指针12点，字幕距离拔线前交工还有5小时。

王伟握着监理的手：辛苦你们了！请逐个验收！

大屏出表指针凌晨1点，字幕距离拔线前交工还有4小时。

监理对王伟说：王总，活干的太急，钢筋绑扎有问题，您看怎么办？别让我们为难！

员工：王总，如果返工，可能真的来不及了！

王伟：精品代表人品，绝不让中铁建设的工程有一点瑕疵，返工！

王伟拿起工具亲自绑扎钢筋！

大屏出表指针凌晨2点，字幕距离拔线前交工还有3小时。

工人们紧张施工！

王伟：泵车师傅吗？辛苦您了！请您在现场多等待一会儿！混凝土公司吗？你们2辆车不能满足今天的用量，请您给增加至6辆罐车，谢谢！

大屏出表指针凌晨3点，字幕距离拔线前交工还有2小时。

6辆罐车与泵车协作（7个人7把椅子）！300多名工人齐上阵（工人拿着工具来回穿梭），灯光配合闪烁！

工人：还差一点，大约一铁锹的灰！

罐车：泵车边上刚洒了一点。

王伟从地上拿起一把铁锹朝泵车跑去，端了一铁锹灰（直接手捧着铁锹头），把灰放在了缺口处！

大屏出表指针凌晨4点48分。

监理：所有工序验收合格，可以交工！

大家欢呼！

结尾视频

字幕：6月30日。

画面：一声鸣笛，一列火车迎着晨曦从星火站穿过！

台上：王伟转身背对观众，书记用手帕纸帮他拭去泪花！两人紧紧拥抱在一起！

5.《西藏你好》

第一幕：机场照片

布景：成都、西安、连云港、兰州机场图片切换

人物：13人

道具：拉杆箱13个

以机场播报音为背景（前往拉萨的旅客请注意，您乘坐的CA3922次航班，现在开始办理乘机手续，请您到值机柜台办理。Ladies and Gentlemen, may I have your attention please: We are now ready for check-in for flight CA3922 to Lhasa at counter. Thank you.）

灯亮，员工拉行李箱入场。

旁白：山的尽头是蓝天，海的尽头是彼岸，路的尽头是一群蓝衣白帽的开拓者，他们来自全国13个省，为了一个共同的目标聚集到一起。4天，汇聚集团13个项目的精英，为了更多人的西藏梦，甘愿充当川藏铁路的铺路石。

第二幕：誓师动员大会

布景　誓师动员大会图片

人物：政府领导、集团领导，13名员工

道具：无

动员大会主持人：今天我们在这里隆重举行誓师动员大会，首先请大家以热烈的掌声欢迎驻地山南市政府领导讲话。

政府领导：同志们辛苦了，我代表山南市市政府以及山南市30万人民欢迎大家的到来，你们来了，山南市等了无数年的火车梦就要成真了。

动员大会主持人：谢谢领导的鞭策与鼓励！接下来有请集团公司领导讲话。

集团领导：请山南人民放心，我们中铁建设人一定会扎根山南，积极响应党中央的号召，把川藏铁路这件大事办好，给山南人民一篇满意的答卷。

第三幕：工地

布景　施工现场与封顶图片切换

人物：项目团队

道具：氧气罩、图纸

灯光渐渐亮起。

藏族音乐响起。

荀少谦和赵总工走舞台。

荀少谦：赵总工，西藏这里天气冷得早，咱们的施工还要加快，技术方面没有问题吧？

赵总工：荀总，您放心吧！这个项目在以往正常施工的基础上，我们根据气候情况进行了不少小发明、小创造，应用得非常好！

这时，迎来走来两名员工，一名员工扶着另一名员工

荀少谦：怎么回事？

员工：荀总，小张又缺氧了，难受的厉害，我扶他去输液！

荀少谦：好的，注意安全！

二人在舞台上把手里的图纸铺开，边研究边聊。

赵总工：荀总，咱们拼技术，拼干活都没问题，这里海拔四千多米，缺氧的问题是我们的拦路虎呀！你也吸两口吧！不然一会儿又要难受了！

荀少谦：你先来！天天吸氧也不是办法，还是要让大家增强体质，逐步适应这里的气候！把这个拦路虎干掉！

赵总工：是的！对了，有个事正想向您汇报，前天我去甲方开会，所有的施工单位中咱们的工程质量好，进度快，被通报表扬了！

荀少谦：再接再厉！组织好施工生产，争取比计划提前封顶！快，让我吸几口氧！

旁白：面对高原缺氧，施工周期短等不利因素，荀少谦克服种种困难，终于提前完成了站房的封顶任务。

等待了143年的火车梦啊

如今终于看到了曙光

淳朴的西藏人民呵

从此又多了一条前往内地的桥梁

4名员工陆续走上舞台（背景墙播放拉林站房主体结构封顶照片）

我是徐瑶，今年25岁，我和老公程龚刚从蜜月之旅来到西藏，我也想和心

爱的人一起走遍世界上的每一个角落，在每一处山巅看日出日落。

我是程龚，今年32岁，我和老婆徐瑶结婚刚满半年，我也想和心爱的人建一所房子，养一只猫，在阳光下和爱人静静的等待时间的流逝。

我是任宏卫，今年29岁，我和老公张递刚从连盐项目赶到西藏，我也想和老公、孩子、家人待在一起，看孩子慢慢长大，陪伴父母享受天伦之乐。

我是张递，今年33岁，我和老婆任宏卫一起携手走过了6个年头，我也想给老婆一个稳定的居住环境，想陪着老婆去更多的地方，看更多的风景。

四人合：我们都有着一个共同的名字："中铁建设人"，从进入公司的那一天起我们便牢记自己的使命，扛起自我的担当，我们甘愿在世界的每一个角落默默履行自己的使命，为集团公司高质量再发展贡献更多的力量。

群体合：我们是拉林站房建设者，我们建设着集团公司海拔最高的铁路站房，我们在3500米的雪域高原创造了5个月封顶5座站房主体结构的施工奇迹，创下全线率先主体封顶的骄人成绩，高质量再发展，拉林铁路站房项目在行动。

此时，一群身着藏族女子，手捧哈达缓缓走向舞台，为4名员工献上哈达，随后跳一段藏族舞。

舞蹈结束后，播放站房故事片。

“品质”主题活动主持人

舞台剧《品格》第一幕：救火

舞台剧《品格》第五幕：成本

舞台剧《品格》第七幕：参观

舞台剧《品格》尾声原型广西大学项目团队

《前夜》

《西藏你好》第二幕：誓师动员大会

时任党委副书记、总经理梅洪亮在“发善心”环节发表讲话

《西藏你好》尾声：献哈达

五、要点说明与解读

一个小时，中铁建设人能浇筑50方混凝土，一个小时，中铁建设人能编写一份物资月计划，一个小时，中铁建设人还可以演出一场匠心独具的晚会活动。

1月9日，以“品质”为主题的集团公司第156期道德讲堂在总部报告厅开讲，集团公司党委副书记、总经理梅洪亮，在家领导班子成员及多位二级单位代表共同参加了本次活动，同时，集团公司海内外1万余名员工也通过网络直播的形式同步收看了此次道德讲堂活动。

用品质铺就腾飞路，用奋斗筑梦新时代。在学模范环节，情景剧《品格》首先为我们讲述了南方公司项目经理狄春锋厦门北站勇救大火，以绿色建造、精益建造落实项目管理的故事，阐发了优秀的工程是由一批具有优良品质的人所建造的理念。情景剧《前夜》以星火站拔线交工前8个小时为背景，讲述了项目团队克服种种困难顺利交工验收的故事，诠释了“精品人品同在，诚信创新永恒”的价值观，同时，通过对156智慧建造系统的展示，充分体现了集团公司智慧建造的魅力。随后，情景剧《西藏你好》为我们生动展现了在世界屋脊筑梦西藏的拉林站建设团队响应集团公司号召，克服高反困难，提前完成封顶任务，圆西藏山南人民143年火车梦的故事，深度呈现了集团公司人文建造的情怀。

在8·30专项行动访谈环节中，集团公司专项行动副指挥长李东生与主持人及4位行动收款优秀代表通过对话访谈的形式，一同回味了此次专项行动过程中的泪水与付出、笑容与收获。智慧得当的关系处理、绝处逢生中的机会把握、灵活变通下的与时间赛跑、舍小家顾大家的母爱动人，点点滴滴都是此次专项行动突出成绩下的幕后风景。不必仰望他人，自己亦是风景，短片《你笑起来真好看》展现了一幕幕中铁建设人在面对挑战时的从容微笑，更展现了中铁建设人踏踏实实干事业、勤勤恳恳担使命的独到品质，与此同时，现场还为各参会代表送去了一份礼物《行动日志》，勉励大家养成记录足迹、常设目标、管理时间的美好习惯。

活动的尾声，集团公司党委副书记、总经理梅洪亮发表讲话，他首先为大家生动回顾了狄春锋厦门北站救火故事的经由，强调优质的工程是由一批具有优良品德的人所建造的深刻意义。同时，他也肯定了以星火站、拉林站为代表的精品工程建设者为集团公司高质量再发展所贡献的力量。最后，梅洪亮总经理殷切嘱托到：“希望我们中铁建设人能继续秉承务实品质走好每一步，在2020年取得更加优异的成绩，中铁建设人的每一张笑脸也能笑得更加灿烂。”

活动过程中所穿插的游戏抽奖互动环节，也将现场气氛点燃。以创新引领品质发展、经营业绩再攀高峰、共和国70周年功勋单位，一幕幕高光时刻构成了集团公司2019年铿锵足迹的缩影。本次活动作为集团公司2020年的第一期道德讲堂，为中铁建设人2019年的奋斗光影画上了圆满的句号，旨在激励我们继续以奋斗共筑品质提升，以高质量再发展作为品质铁建的生动实践。

第一百五十八讲　激扬三十年　筑梦再启航

一、策划方案

（一）活动时间：2020年12月20日。

（二）活动地点：中铁建设大厦3层报告厅。

（三）参加人员：外部媒体、合作单位、中铁建设领导和职工、设备公司等有关人员。

（四）活动背景：中铁建设集团设备安装有限公司成立30年纪录片发布暨“激扬三十年　筑梦再启航”主题道德讲堂活动，回望设备安装公司30年的奋斗历程，重温那些永不褪色的记忆，再次凝聚走向未来的力量。

（五）台本（含主持词）：

（入场期间大屏幕循环播放“序幕”）

（14：15分领导入场。14：18活动开始）

主持词：尊敬的各位领导、各位嘉宾，公司的全体员工们，“建造时代精品，创造和谐环境”是集团公司的企业使命，让我们以铁道兵精神引领高质量发展，共铸“品质铁建”！现在，中铁建设集团设备安装有限公司成立30年纪录片发布暨“激扬三十年　筑梦再启航”主题道德讲堂——正式启幕！

1. 大屏幕播放倒计时+活动大片头（30秒）

2. 音乐起，总经理余振飞登场（11分钟左右）（致辞台处）

余总：尊敬的各位领导、各位嘉宾、同事们，大家下午好！我是中铁建设集团设备安装有限公司党委副书记、总经理余振飞。

值此全党全国上下深入学习贯彻党的十九届五中全会精神、社会主义现代化国家建设新征程全面开启的重要历史时刻，我们迎来了中铁建设集团设备安装有限公司成立30年纪录片发布暨“激扬三十年　筑梦再启航”主题道德讲堂活动。在此，我谨代表党委书记、执行董事谭学彪和公司领导班子全体成员，向领导和嘉宾们的到来表示热烈的欢迎！

今天，集团公司兄弟单位的领导、合作单位的代表们也来到了会场，欢迎大家！

2020年是决胜全面建成小康社会、决战脱贫攻坚之年，也是“十三五”规划收官之年。就是在这样一个意义特别的年份里，中铁建设设备安装有限公司迎来了自己的30岁生日。

“激扬三十年　筑梦再启航”。今天道德讲堂的第一个环节是“纪录片发布”，让我们通过一部纪录片，共同回望设备安装公司30年的奋斗历程，重温那些永不褪色的记忆，再次凝聚走向未来的力量！

（灯光暗，大屏幕开始播放纪录片）

3. 纪录片发布：大屏幕播放纪录片《锻造“中铁芯”奋斗再发展》（20分钟）

4. 主持人余总（值班屏）（30秒）

余总：我想，这部纪录片一定唤起了领导和同事们很多深埋在心底的回忆。“激扬三十年　筑梦再启航”，下面有请中铁建设集团设备安装公司党委书记、执行董事谭学彪致欢迎辞！

（上场音乐起，公司领导登场）

5. 公司领导致欢迎辞（值班屏）（5分钟）

6. 主持人余总（值班屏）

余总：谢谢谭总的精彩致辞！设备安装公司30年的发展，离不开股份公司和集团公司的正确领导、离不开社会各界的大力支持、离不开合作伙伴的密切协作。

中国铁道学会是全国铁路行业最具影响力的科技社团组织，多年来一直关注和支持着设备安装公司的发展。下面，让我们用热烈的掌声有请中国铁路学会秘书长马福海为活动致辞！

（上场音乐起，领导登场）

7. 中国铁路学会秘书长马福海致辞（值班屏）（5分钟）

8. 主持人余总（值班屏）（1分钟左右）

余总：谢谢马秘书长，让我们再次对铁路学会长期以来的关心、支持表示衷心感谢！

中国安装协会致力于推动我国安装行业的科技发展。作为行业领先的机电安装企业，多年来，设备安装公司的科技创新也得到了安装协会的大力支持。接下来，让我们用热烈的掌声有请中国安装协会副秘书长唐忠赤致辞！

（上场音乐起，领导登场）

9. 中国安装协会副秘书长唐忠赤致辞（值班屏）（5分钟）

10. 主持人余总（值班屏）（1分钟左右）

余总：谢谢唐秘书长，再次感谢安装协会长期以来对公司工作的支持和帮助！

30年里，设备安装公司积极践行"品质铁建"发展战略，集团公司的高铁修到哪里，我们就奋斗到哪里；集团公司的轨道站房盖到哪里，我们就冲锋到哪里。现在，让我们用热烈的掌声有请中铁建设集团党委书记、董事长赵伟讲话！

（上场音乐起，集团公司领导登场）

11. 集团公司领导讲话（值班屏）（5分钟左右）

12. 主持人余总（值班屏）（1分钟左右）

余总：谢谢赵董事长，我们一定牢记集团公司嘱托……（拿到集团公司领导讲话稿后根据内容补充）……接下来，让我们用热烈的掌声有请中国铁建股份公司总工程师雷升祥讲话，有请雷总工！

（上场音乐起，领导登场）

13. 股份公司领导致辞（值班屏）（5分钟）

14. 主持人余总（值班屏）（1分钟左右）

余总：谢谢雷总。

再次感谢各位领导和嘉宾！让我们高举习近平新时代中国特色社会主义思想伟大旗帜，凝心聚力，奋力书写新时期高质量发展的新篇章！下面，我将把现场交给活动主持人田方方、邓志城。

（余总退场，两位主持人登场）

15. 主持人田方方　邓志城（此时大屏切换为“唱歌曲”）

邓志城：谢谢余总！一切向前走，都不能忘记走过的路；走得再远、走到再光辉的未来，也不能忘记走过的过去，不能忘记为什么出发。

田方方：接下来，我们将共同开启道德讲堂的“唱歌曲环节”。

设备安装公司的员工们要用一首雄壮的《铁道兵志在四方》，再次唱响不朽的军歌、再次唱响不散的军魂！有请合唱队员们登场——

（领导退场，主持人登场后，负责道具员工快速送上木质阶梯。合唱队员们随即开始有秩序的安静列队上场）

16. 唱歌曲环节：大合唱《铁道兵志在四方》（4分钟）

（大屏幕视频用原MV画面）

（合唱员工退场后，负责道具员工快速撤下木质阶梯。）

17. 主持人（值班屏）（1分钟）

邓志城：一首《铁道兵志在四方》，唱出了铁军的豪迈、唱出了铁军的精神，也唱出了设备安装公司的精气神！谢谢参加演唱的同事们!

2020年是中国人民志愿军抗美援朝出国作战70周年，亿万中国观众通过电影《金刚川》，重新了解了我们的前辈——英勇的铁道兵部队。今天，我们身边虽然没有了战争年代的炮火硝烟，但是，铁道兵的精神在、铁道兵的誓言在、铁道兵的承诺在！一起倾听情景朗诵《30年，我们走向未来》，有请田方方、王学达、司知非、马文斌!

18. 情景朗诵《30年，我们走向未来》（8分钟）

朗诵者：田方方　王学达　司知非　马文斌

（朗诵结束后，王学达　司知非　马文斌需快速换装，准备《逆行出征》）

19. 主持人（大屏幕背景为“学模范”）（30秒）

邓志城：谢谢四位同事的激情演绎！30年里，一代代中铁机电人传承着公司“三实”文化，挥洒着青春和汗水，推动着公司的发展，也成就着自己的梦想!接下来，让我们一起倾听模范人物赵风轩的故事。有请讲述人刘文举、刘雪莉——

20. 学模范环节1　情景讲述《奋斗》（9分钟左右）

（大屏幕配合相关照片）

讲述人：刘文举　刘雪莉

（讲述结束后，刘文举需快速换装，准备《逆行出征》）

（刘雪莉换工装，准备宣誓环节）

21. 主持人　（大屏为值班屏）（30秒左右）

田方方：我们是家庭的栋梁，更是公司的脊梁！其实今天的活动现场还有一个特别重要的群体没有到场，他们就是公司680多位干部职工背后的680多个家庭。我们的领导、员工常年在外摸爬滚打，家人们没有抱怨，只有理解和支持。中铁机电人的军功章，有我们的一半，也有他们的一半！此时此刻，让我们一起倾听家人代表发来的叮咛和祝福——

22. 大屏幕播放“家人祝福”+歌曲《好久没回家》（6分钟）

演唱者：邓志城

23. 主持人（大屏幕背景为“学模范”）（30秒）

田方方：谢谢邓志城深情的演唱。接下来，让我们把时间拨回到2020年6月份，当时，北京新发地农产品批发市场爆发新冠肺炎疫情，市场被紧急关闭，抗击疫情的警报在北京拉响！国家空气处理专家、北京工业大学陈超教授负责组织现场攻坚。接到陈教授电话后，中铁机电人逆行出征，一场火线驰援新发地的战斗，就这样打响了……

24. 学模范环节2情景报告《逆行出征》（12分钟左右）

（大屏幕配合相关照片）

表演者：王学达、刘文举、马文斌、司知非

（表演结束后，王学达、马文斌、司知非快速换工装、戴安全帽，准备参加宣誓环节）

25. 主持人公司领导率参与新发地施工的团队登场、青年员工宣誓（8分钟左右）（大屏幕背景为“学模范”）

田方方：谢谢四位同事的情景报告。现在，让我们用充满敬意的掌声，请上陈超教授和新发地抗击疫情的设备安装公司战队！

（音乐起　陈教授　谭总　余总率队登场）

田方方：欢迎您陈教授！您当时第一时间把电话打给了余总，为什么在那么紧急的时刻首先想到的是设备安装公司？

陈教授：……

田方方：谢谢陈教授！余总，当时接到陈超教授的电话以后，第一时间想到的是什么？

余总：当时想法其实很简单——这场仗，除了胜利，别无选择；没有退路，必须打赢。

田方方：谢谢余总！谭总，作为公司的总指挥，您认为这场仗对公司最大的考验是什么？

谭总：再一次考验了设备安装公司的快速响应能力、科学施工能力、极限作业能力。

田方方：谢谢谭总！在今年9月召开的全国抗击新冠肺炎疫情表彰大会上，习近平总书记说过这样一句话，世上没有从天而降的英雄，只有挺身而出的凡人。今天，新一辈中铁机电人要在这个舞台上，说出自己的誓言——

青年员工宣誓《请让我们接棒》（王学达、马文斌、司知非、李若瑜、刘雪莉）

（宣誓结束后，刘雪莉抓紧换服装，准备《超越梦想》的演唱）

田方方：请让我们接棒！此时此刻，这是我们所有年轻员工的铿锵誓言！好的，谢谢陈超教授、谢谢谭总余总和同事们，请场下就座。

（众人退场）

田方方：今天，设备安装公司的员工们特意排练了一个歌舞节目致敬平凡中的伟大！一起欣赏——《光芒永恒》

26. 歌舞节目《光芒永恒》（5分钟）

演唱者：甘丰华、吕泽军

27. 观众席（大屏“谈感悟”）（5分钟左右）

（两位主持人提前在陈金和、曹鹏鹏前站定）

邓志城：请让我们接棒！此时此刻，这是我们所有年轻员工的铿锵誓言！

活动进行到这里，大家一定有很多心里话要说。陈总，您是公司首位总经理，是设备安装公司的开拓人、创业者，此时此刻，您最想说的话是什么？

陈总：……

邓志城：谢谢陈总，请您就座。

田方方：站在我面前的是华北区域副总经理曹鹏鹏。曹总，参加今天的道德讲堂，您最大的收获是什么？

曹总：……

田方方：谢谢曹总，请您就座。

28. 大屏幕播放30秒左右片花，两位主持人借机回到台上

29. 诵经典环节（大屏幕“诵经典”）（2分钟左右）

田方方：“激扬三十年　筑梦再启航”。接下来道德讲堂即将开启的是“诵经典”环节。党的十九届五中全会开启了全面建设社会主义现代化国家的新征程，迎接我们的是新的长征、新的奋斗。

邓志城：让我们一起用“诵经典”的方式，重温习总书记的重要指示精神，再一次汲取营养，坚定方向！

（大屏幕配合出三句话字幕）

田方方：请全场起立。（开始领诵）：让广大青年敢于有梦、勇于追梦、勤于圆梦；

全场集体：让广大青年敢于有梦、勇于追梦、勤于圆梦；

邓志城（领诵）：与时代共处，与奋斗相伴；

全场集体：与时代共处，与奋斗相伴；

田方方（领诵）：不忘初心，牢记使命，永远奋斗；

全场集体：不忘初心，牢记使命，永远奋斗！

邓志城：请落座！我们都在努力奔跑，我们都是追梦人！

（大屏幕切换背景“发善心”）

邓志城：接下来将要开启的是道德讲堂的“发善心”环节，我们将共同见证“中铁芯”品牌发布仪式！

30.“中铁芯”品牌发布仪式（4分钟左右）（大屏幕为发布仪式主题背景）

田方方：“中铁芯”品牌是公司进军智慧建造市场的代言者，寓意着设备安装公司对建筑的关爱之心，也代言着公司的品质、行业地位和企业责任。今天，我们将借助“中铁芯”品牌发布仪式，开启公司下一个30年的奋斗征程！

（大屏幕背景切换为待启动状态）

邓志城：现在，让我们用热烈的掌声有请xxx、xxx……上场，共同开启“中铁芯”品牌发布仪式！

（音乐起，领导登场）

田方方：请各位领导走向大屏幕，将右手虚按在手印上，做好准备。好的，各位领导、嘉宾和现场所有的同事们，让我们一起进入5秒倒计时…请大家跟我们一起喊：5、4、3、2、1，发布！

（全场一起跟随主持人倒计时。主持人说出“发布”二字后，大屏幕出现3D动效制作的震撼画面，演绎推出“中铁芯”LOGO）

邓志城：谢谢各位领导，请场下就座！下一个三十年即将开启，中铁机电人将继续追随集团公司步伐，将“中铁芯”品牌嵌入更多的大国地标，用专业和品质实现高质量再发展！

31. 公司6大区域公司+总部机关集体亮相宣誓（7分钟左右）

田方方：带着再出发的豪情，公司各区域指挥部、总部机关和全体领导将陆续登场，向公司报告、向集团公司报告！

（主持人退场。音乐声中，一区域负责人率领5人团队踏着军人般步伐大步走上台，站定后开始铿锵有力的报告；报告刚一结束，另一个区域负责人紧接率队登台……公司领导团队最后登台）

（大屏幕分别按顺序出六大区域公司+机关的合影照片）

（曹鹏鹏，刘雪彪，王秉虎，张翠甫）

负责人：这是来自设备华北区域的报告——

负责人或一位语言有气势员工：昨天，华北安装铁军筚路蓝缕，多品类项目落地开花；未来，华北区域披荆斩棘，向高精尖项目全面冲锋；

合：做公司最勇敢的先锋、最稳固的基石！

（史华，高健，张福，马文斌）

负责人：这是来自设备华中区域的报告——

负责人或一位语言有气势员工：钢铸的脊梁铁打的肩，轨道领域敢为人先。十省布局、十亿战略！华中安装铁军用忠诚和担当——

（合）：创精品工程、铸品质机电！

（刘鹏，曾祥，刘挥招，冯康康）

负责人：这是来自设备海峡区域的报告——

负责人或一位语言有气势员工：超高层建筑、超五星级酒店、超大型商业综合体……海峡安装铁军锐意进取，做大做强中铁机电！

合：今天，海峡安装铁军以拳拳赤子心，践行品质铁建！

（李少波、李实云、肖向栋、王学达）

负责人：这是来自设备华东区域的报告——

负责人或一位语言有气势员工：在传统机电领域的施工基础上，华东安装铁军弯道超车，奋进新能源领域!

合：新征程，新挑战。华东安装铁军，向前向前！

（申光申、赵春元，薛厚彪，周宇波）

负责人：这是来自设备华南区域的报告——

负责人或一位语言有气势员工：建设大湾区，设备安装铁军凭借过硬本领扎根华南；肩挑新重担，青年先锋队高举铁军大旗奋斗再登攀！

合：铁建情，中铁芯；誓言无悔，再攀高峰！

（黄洪宇，吴海旭，李争，刘勇）

负责人：这是来自设备总部的报告——

负责人或一位语言有气势员工：战略引领、创新驱动；齐心协力、不懈奋斗！

合：而立之年再奋进，精心铸造中铁芯！而立之年再奋进，精心铸造中铁芯！

（此处大屏幕回值班屏，公司领导团队登场）

（谭总、余总、汪总）

设备安装公司向集团报告——

下一个三十年，我们将继续传承铁道兵精神，以更高站位、更实举措、更大担当！

合：团结一心、务实奋进、再续华章！

（主持人登场）

田方方：在这个振奋人心的时刻，因为成都疫情无法来京参加活动的西南区域指挥部，也发来了报告——要让西南安装铁军的战歌，响彻成渝双城、响彻祖国大西南！

邓志城：下一个三十年已经启程，新的辉煌等待我们去奋斗、去创造！请大家举起右拳，说出我们的誓言——

田方方：我们代表中铁建设设备安装公司全体干部员工，在此郑重宣誓——以奋斗回答使命；

众人合：以奋斗回答使命！

邓志城：以坚守致敬初心；

众人合：以坚守致敬初心！

田方方：以忠诚兑现承诺；

众人合：以忠诚兑现承诺！

邓志城：此时此刻，让我们一起高歌，为新的出发壮行！

（歌曲前奏起，四位歌手登场。场上众人一起合唱）

32. 文艺节目《超越梦想》（4分钟）

演唱者：韦春波、张士千、刘雪莉、庄靳欢

33. 主持人结尾+“送吉祥”环节（5分钟左右）（值班屏）

田方方：2021年是十四五规划的开局之年，也是设备安装公司走向未来的新起点，让我们凝心聚力，接续奋斗，贯彻新发展理念，构建新发展格局，以高品质机电助推公司和集团公司高质量再发展！

邓志城：尊敬的各位领导和嘉宾，亲爱的同事们，现在，让我们为明天送出吉祥，为未来送出祝福！

（大屏幕切换为“送吉祥”。）

（场下开始送吉祥，播放《我们都是追梦人》音乐3分钟左右）

田方方（送吉祥期间说）：我们送出的不仅是一份吉祥，一份祝福，更是一份对领导和朋友们的感恩之心！

邓志城（送吉祥期间说）：在未来的日子里，希望能够得到领导和朋友们一如既往地关注和支持！

田方方：中铁建设集团设备安装有限公司成立30年纪录片发布暨“激扬三十年　筑梦再启航”主题道德讲堂到此结束，再会！

（主持人邀请领导嘉宾登台合影留念）

二、节目单

中铁建设集团设备安装有限公司
中国铁建 China Railway Construction Group Equipment Installation Co., Ltd.

第158讲
激扬三十年　筑梦再启航

开场

纪录片发布：《锻造"中铁芯"　奋斗再发展》

唱歌曲

合　唱：《铁道兵战士志在四方》
指　挥：黄嘉星
表演者：刘福贵　贾子叶　李　娜　罗碧凡　刘文举　刘辉招　冯康康　韦春波
刘继红　曾　祥　董远吉　肖向栋　崔英超　李实云　郑　朋　徐　刚
李连喜　戴文宇　金　烨　徐正斐　刘昱伟　李俊成　刘振军　米翰思
廖舒民　杨永东　杨继亮　高光增　崔志强　李根茂　韩褚桥　石佳欣
张秀娜　方　锐　朱　敏
情景朗诵：《30年，我们走向未来》
朗 诵 人：田方方　王学达　司知非　马文斌

学模范

谈奋斗　铁军传承　情景讲述：《奋斗》　讲 述 者：刘文举
忆家乡　铁骨柔情　歌　曲：《好久没回家》　演 唱 者：邓志城
战役情　使命必达
情景报告：《逆行出征》
表 演 者：田方方　王学达　刘文举　马文斌　司知非
歌　舞：《光芒永恒》
演唱者：甘丰华　吕泽军
伴　舞：张雪莹　王丽莉　于星星　吴俊锐　刘珊珊
任　剑　石佳欣　黄嘉星　闫　芬　冯　辰
宣　誓：《请让我们接棒》
表演者：王学达　司知非　马文斌　李若瑜　刘雪莉

诵经典

领　颂：田方方　邓志城
让广大青年敢于有梦，勇于追梦，勤于圆梦；
与时代共处，与奋斗相伴；不忘初心，牢记使命，永远奋斗！

发善心

品牌发布：以"中铁芯"品牌建设，开启设备安装公司下一个30年的奋斗征程。
"中铁芯"品牌是公司进军智慧建造市场的代言者，寓意着设备安装公司对建筑的关爱之心，代言着公司的品质、形象、行业地位和企业责任。
筑梦未来　超越梦想
大合唱：《超越梦想》
演唱者：韦春波　张士千　刘雪莉　庄靳欢
宣　誓：黄洪宇　吴海旭　李　争　刘　勇　曹鹏鹏　刘雪彪　王秉虎　张翠甫
赵风轩　曹仕辉　徐正斐　刘振军　李少波　李实云　肖向栋　王学达
刘　鹏　刘辉招　曾　祥　冯康康　史　华　高　健　张　福　马文斌
申光申　赵春元　薛厚彪　周宇波

送吉祥

总策划：李雅丹　黄海燕
主持人：田方方　邓志城
执　行：曹改萍　方　锐　邹兆喜　李　争　杨　静　于　明
杨　颖　田　菲　张雪莹　闫　芬　石佳欣　王学达

三、主持词（见台本）

四、图片资料

大合唱《铁道兵志在四方》

情景朗诵《30年我们走向未来》

情景讲述《奋斗》

诵经典

“中国芯”品牌发布

集体宣誓—公司代表

活动主持人

大合影

五、要点说明与解读

雄鹰展翅，金字耀眼，开场视频拉开了中铁建设集团设备安装有限公司三十年总结大会暨“激扬三十年 筑梦再启航”主题道德讲堂活动的帷幕。

中国铁建股份有限公司、中铁建设集团有限公司的行业协会领导、合作企业以及兄弟单位、设备安装公司员工代表400多人参加总结大会。中铁建设总经理、党委副书记梅洪亮现场致辞，会议由设备安装公司党委副书记、总经理余振飞主持。

活动现场，设备安装公司发布了30年纪录片《锻造“中铁芯”奋斗再发展》。

设备安装公司党委书记、执行董事谭学彪回顾了公司30年来从无到有、从小到大、从弱到强的发展历程。“十四五”期间，公司将坚持目标导向，着力加强市场开发、区域建设和技术研发，致力于将企业打造成全国专业领域“冠军级”工程公司。

设备安装公司第一任总经理陈金和回顾了公司的艰难创业过程，肯定了近年的发展成果，他表示，现在公司又站在新起点，希望设备安装公司人不忘初心，传承和发扬铁道兵精神，主动融入新发展格局，不懈奋斗，为股份公司和集团公司赢得更多荣誉，与合作伙伴并肩前行实现共赢，勠力同心书写新时代高质量发展新篇章。

嘉宾代表中国安装协会副秘书长唐忠赤在致辞中，肯定了设备安装公司在技术创新方面的优势及专业水平，希望设备安装公司发挥优势，加强分享，为我国安装行业的持续健康发展作出更大贡献。

梅洪亮肯定了设备安装公司30年取得的成绩，他指出，设备安装公司继承发扬铁道兵光荣传统，深入践行新时代建造理念，成功铸造“中铁芯”品牌。未来发展要始终坚持以习近平新时代中国特色社会主义思想为指导，坚持把创新引领、高质量发展贯穿始终，精益建造精品工程，打响铁建机电品牌，与国内外同行和战略伙伴一起发展、共同进步。

中国铁建总工程师雷升祥表示，三十年来，设备安装公司追求卓越、精益求精，干一项工程，树立一座丰碑，以过硬的质量赢得市场。在未来发展中，设备安装公司要把握创新驱动的理念，以智慧机电作为发展方向，努力提高工厂装配化水平，做安装行业的技术引领者，以技术创效益，实现高质量再发展。

设备安装公司36名员工唱响《铁道兵战士志在四方》，为“激扬三十年 筑梦再启航”主题道德讲堂活动正式拉开了序幕。

情景报告《逆行出征》展示了2020年6月份，北京新发地农产品批发市场暴发新冠肺炎疫情，设备安装公司火线驰援新发地，打响一场持续55小时的战斗情景。

“让广大青年敢于有梦、勇于追梦、勤于圆梦”“与时代共处，与奋斗相伴”“不忘初心，牢记使命，永远奋斗”。在“诵经典”环节，全体人员重温了习近平总书记的重要指示精神，再一次汲取营养，坚定方向！

在参会领导及嘉宾的见证下，现场举行了“中铁芯”品牌发布仪式。

谭学彪带领设备安装公司全体班子成员表决心，将继续传承铁道兵精神，以更高站位、更实举措、更大担当，团结一心、务实奋进、再续华章！最后，全体人员庄严宣誓：以奋斗回答使命、以坚守致敬初心、以忠诚兑现承诺。

本次活动是对设备安装公司三十年发展历程的系统总结，是一次精神洗礼，更是一次高质量再发展的誓师大会。下一个三十年，设备安装公司将继续传承铁道兵精神，以更高站位、更实举措、更大担当，团结一心、务实奋进、再续华章！

后　记

万丈高楼起于沙石，千亿企业成于点滴，一本好书凝于智慧。

经过一年多的艰辛付出，数次增删，《以德润心：中铁建设集团道德讲堂操作实务》一书终于与读者见面了，这是中铁建设集团在企业管理促进文化落地中的一个具体成果。

本书在创作过程中，得到了集团公司各部门以及二级单位的大力支持，尤其华中公司投入大量人力，在此一并表示感谢。

有文在，时间亦可以翻阅。有志在，事业便可以传承。

本书总结了163期道德讲堂活动经验，有些案例早已耳熟能详，每次重温，依然十分感动、震撼心灵。有的故事虽小，细细品读，同样深深动容、肃然起敬。出版此书的目的是想让读者明白，道德讲堂不是为活动而活动，而是紧紧围绕企业中心工作，当好“传声筒”，架起“连心桥”，引导读者明白既知为何来，更知去何方。

书中对如何创作文案、安排舞美道具和节目排练进行了详细介绍，让读者掌握开展此项活动的方法与流程，尤其通过道德讲堂五个环节的阐述，使其能通过阅读此书，成为企业文化落地和活动组织的行家里手，为企业和社会做出积极贡献。

谨以此书向中国共产党成立100周年献礼！

编者

2021年7月1日